STREIFZÜGE
DURCH DIE DEUTSCHE
KULTURGESCHICHTE

Dietrich Kreidt · Lerke von Saalfeld · Ula Stöckl
Alfred Hürmer

STREIFZÜGE
DURCH DIE DEUTSCHE
KULTURGESCHICHTE

CIP-Titelaufnahme der Deutschen Bibliothek

Streifzüge durch die deutsche Kulturgeschichte :
Überraschendes und Kurioses über historische Schauplätze unserer Heimat, berühmt-berüchtigte Volkshelden, über kunst- und kulturgeschichtliche Raritäten und außergewöhnliche Naturdenkmäler / Dietrich Kreidt... – Niedernhausen/Ts. : FALKEN, 1991
(FALKEN Reise)
ISBN 3-8068-4490-9
NE: Kreidt, Dietrich

ISBN 3 8068 4490 9

© 1991 by Falken-Verlag GmbH, 6272 Niedernhausen/Ts.
Die Verwertung der Texte und Bilder, auch auszugsweise, ist ohne Zustimmung des Verlags urheberrechtswidrig und strafbar. Dies gilt auch für Vervielfältigungen, Übersetzungen, Mikroverfilmung und für die Verarbeitung mit elektronischen Systemen.
Titelbild: Jürgens, Ost und Europa Photo, Köln
Die Ratschläge in diesem Buch sind von dem Autor und vom Verlag sorgfältig erwogen und geprüft, dennoch kann eine Garantie nicht übernommen werden. Eine Haftung des Autors bzw. des Verlags und seiner Beauftragten für Personen-, Sach- und Vermögensschäden ist ausgeschlossen.
Redaktion: MediaPrintService, Dr. Burkhard Busse, Köln
Satz: Satzstudio Widdig, Köln
Druck: Ernst Uhl, Radolfzell

Inhalt

Vorwort	7
Aachen – der Karlsmythos	8
Augsburg – die St.-Anna-Kirche	12
Bamberg – das Kaisergrab im Dom	16
Bayreuth – Jean Paul	20
Berlin – die Marienkirche	24
Berlin – das Zuckermuseum	27
Blexen – die St.-Hippolyt-Kirche	30
Bremen – der Ratskeller	32
Celle – die Schloßkapelle	35
Dresden – das Grüne Gewölbe	38
Frankfurt – das Heinrich-Hoffmann-Museum	42
Hagen – Westfälisches Freilichtmuseum	46
Hamburg – die Speicherstadt	50
Hameln – die Sage um den Rattenfänger	54
Hannoversch-Münden – Dr. Eisenbart	58
Harz – Hexenwelt des Bode-Tals	62
Hildesheim – der Dom	66
Hunsrück – auf den Spuren des Schinderhannes	70
Husum – Theodor-Storm-Stätten	73
Jagsthausen – die Götzenburg	76
Jever – Froichen Maria	80
Kalkar – die Schnitzaltäre in St. Nicolai	84
Kitzingen – das Deutsche Fastnachtmuseum	88
Knittlingen – das Faust-Museum	92
Köln – die Goldene Kammer in St. Ursula	96
Königstein – die Festung	100

Kyffhäuser – der Bergrücken in der „Goldenen Aue" —— 103

Landshut – die Narrentreppe in Burg Trausnitz —— 107

Leipzig – das Völkerschlachtdenkmal —— 111

Lemgo – das Junkerhaus —— 114

Lübeck – die Stiftsgänge —— 118

Maulbronn – das Kloster —— 122

Meißen – die Albrechtsburg —— 126

Müngsten – die Brücke zwischen Remscheid und Solingen —— 130

Münster – die Hochburg der Wiedertäufer —— 133

Neuharlingersiel – das Buddelschiffmuseum —— 136

Neuruppin – die gotische Backsteinkirche —— 140

Niederfinow – das Schiffshebewerk —— 144

Pillnitz – das Wasserpalais —— 148

Potsdam – das Dampfmaschinenhaus von Ludwig Persius —— 152

Rheinsberg – das Wasserschloß —— 156

Rostock – die Marienkirche —— 160

Rothenburg – das Kriminalmuseum —— 164

Schleswig – Kunstfälschungen im Dom St. Petri —— 168

Schöntal – das Kloster von Benedikt Knittel —— 172

Stolberg – das Städtchen im Südharz —— 175

Tiefenbronn – der Magdalenenaltar —— 178

Tübingen – das zahnärztliche Museum —— 182

Wittenberg – auf den Spuren Martin Luthers —— 186

Wörlitz – ein Park aus der Zeit der Aufklärung —— 189

Worms – jüdische Kulturdenkmäler —— 192

Wuppertal – das Müllmuseum —— 196

Hinweise —— 200

Deutschlandkarte —— 204

Register —— 206

Bildnachweis —— 208

Die Karten bei den jeweiligen Kapiteln sind im Maßstab 1:500.000 abgebildet.

Vorwort

Deutschland ist durch seine lange Geschichte reich an historischen Sehenswürdigkeiten und Kostbarkeiten. In Museen und Kirchen, auf Schlössern und Burgen ist diese Geschichte noch ganz unmittelbar zu erleben, kann man Hinterlassenschaften, Spuren und Zeugnisse betrachten. Zwar wurde vieles durch Zerfall, Krieg oder auch Unwissenheit zerstört, anderes aber blieb erhalten, wurde wieder aufgebaut und originalgetreu restauriert mit dem Bestreben, eine Epoche, ein Ereignis, eine Tradition umfassend zu dokumentieren.

Über das Denken und Fühlen der Menschen geben aber nicht nur die bedeutenden Kulturdenkmäler Auskunft, die in jedem Reiseführer zu finden sind. Gerade das scheinbar Nebensächliche, Skurrile und Amüsante verrät oft mehr als Ahnentafeln oder Jahreszahlen.

Diese Streifzüge führen zu Orten und Ereignissen, wo manchmal „große" Geschichte gemacht, immer aber Geschichten erzählt und aufgeschrieben wurden. Reiseziele, wo sich das Allgemeine im ganz Besonderen spiegelt, wo das Kuriose auch exemplarisch erscheint.

Es sind Ausflüge in das Gebiet der Geschichte, der Literatur, der Kultur, der Religion, des Aberglaubens, des Handwerks und der Technik. Sie führen zum Beispiel zur Rollwenzelei in der Nähe Bayreuths, der idyllisch gelegenen Arbeitsstätte des Dichters Jean Paul Richter, nach Münster, wo drei Eisenkäfige am Turm der Lambertikirche ein grausiges Zeugnis vom Ende der Wiedertäufer geben, oder nach Meißen, wo Johann Friedrich Böttger auf der Albrechtsburg den Traum aller Alchimisten verwirklichen und auf künstliche Weise Gold herstellen wollte, statt dessen aber das Porzellan erfand.

Es ist eine Reise durch Deutschland und seine Geschichte, deren Route meist abseits des lärmenden Massentourismus verläuft. Insgesamt 52 Reiseziele werden in alphabetischer Reihenfolge vorgestellt, jeder Beitrag enthält eine Anfahrtsskizze, manche Adressen, Telefonnummern und weiterführende Hinweise. Eine Übersichtskarte zur besseren Orientierung findet der interessierte Reiselustige am Ende des Buches.

Aachen – der Karlsmythos

Am Weihnachtstag des Jahres 800 wurde der „König der Franken und Langobarden", Karl der Große, im Petersdom zu Rom zum Kaiser gekrönt. Durch seinen Titel brachte Karl zum Ausdruck, daß allein Gott ihm die neue Stellung zugewiesen habe: „Karl, der von Gott gekrönte große und Friede bringende Kaiser, der das Römische Reich lenkt und der durch das Erbarmen Gottes zugleich König der Franken und Langobarden ist."

Etwa zehn Jahre zuvor hatte Karl den Entschluß gefaßt, eine feste Residenz als Zentrum seiner Macht zu errichten, um von hier aus die Geschicke des Reiches zu lenken. In Aachen sollte sein „zweites Rom" entstehen. Der Boden, auf dem das Rathaus steht, war Teil dieser Kaiserpfalz, die im Mittelalter langsam zerfiel. In der ersten Hälfte des 14. Jahrhunderts errichteten die Aachener Bürger ein gotisches Rathaus auf den Fundamenten der alten Pfalz. Ihr Schutzherr blieb Karl der Große. Ihm wurde ein herausragender Platz direkt über dem Eingangsportal gewidmet. Rechts neben dem segnenden Christus kniet er mit Reichsschwert und einem Modell der von ihm erbauten Pfalzkapelle. In dem Reichs- oder Krönungssaal des Rathauses, einer zwei-

Aachen: das Rathaus

schiffigen Halle, fand 1531 die letzte Kaiserkrönung statt. In diesem Raum wird das Original der Plastik Karls des Großen von dem 1620 aufgestellten Markt-Brunnen aufbewahrt, und hier liegen auch die materialgetreuen Nachbildungen der Reichsinsignien des Imperators. Die Wände wurden Mitte des 19. Jahrhunderts von Alfred Rethel, einem Maler der Düsseldorfer Schule, ausgemalt. Eines dieser Fresken zeigt Otto III. in der Gruft Karls des Großen. Im Jahre 1000 ließ der junge Herrscher die Gruft Karls im Aachener Dom öffnen. Die Legende erzählt, er habe ihn auf einem goldenen Thron sitzend gefunden, die Krone auf dem Kopf, das Evangelienbuch auf dem Schoß, in den Händen Szepter und Reichsapfel haltend. Tatsächlich lag Karl in einem antiken Marmorsarkophag, den Kaiser Friedrich Barbarossa 1165 öffnen ließ, um seine Gebeine heilig zu sprechen. Der römische Sarg ist heute in der Domschatzkammer aufgestellt. Er wird auf das Jahr 200 nach Christi Geburt datiert und zeigt eine bewegte Darstellung des Raubs der Proserpina durch Pluto, den Gott der Unterwelt.

Die Aachener Domschatzkammer enthält die wertvollsten Kirchenschätze Mitteleuropas. Seit Jahrhunderten ist sie Wallfahrtsort der Pilger. Der Reliquienschatz ist eng verbunden mit dem Gedenken an Karl den Großen. Er verleiht dem Ort eine besondere Weihe, denn wie kein anderer verkörpert er die Einheit von weltlicher und geistlicher Herrschaft. Als weltliche Reliquien sind hier das angebliche Jagdmesser und Jagdhorn Karls des Großen, ein sogenannter Olifant als sechzehnfach facettierter Elefanten-

Büste Kaiser
Karls des Großen

stoßzahn, ausgestellt. Karl wurde nicht nur von den deutschen Kaisern als Ahnherr der Reichsidee in Dienst genommen, 1481 ließ Ludwig XI. von Frankreich ein Armreliquiar, einen Rüstungsarm aus vergoldetem Silber, herstellen, in den ein Unterarmknochen Karls des Großen eingeschlossen ist. Seit dem 15. Jahrhundert wurde Karl der Große als Vorfahr der französischen Könige gefeiert. Das hinderte die deutschen Kaiser nicht, Karl als ihren legitimen Vorfahren zu verehren. Nicht nur, daß Kaiser Barbarossa ihn heiligsprechen ließ, vor allem Karl IV. erklärte ihn zu seinem Vorbild und reaktivierte den Karlskult. Deshalb schenkte er im Jahre 1349, nach seiner Krönung, dem Aachener Stiftskapitel die aus Prag mitgebrachte Kaiserkrone. Sie ziert die Reliquienbüste, in deren Kopf die Schädeldecke Karls des Großen eingelassen ist.

Kostbarste Reliquie des Aachener Domschatzes ist der Marienschrein, gearbeitet in den Jahren 1220 bis 1239. Er hat die Form einer einschiffigen Kirche mit Querhaus, einer Kirche als Abbild des Himmels und der Wohnung Gottes. An den Seiten des Langhauses sitzen unter Spitzarkaden die zwölf Apostel, in der Mitte thronen Maria mit dem Jesuskind und Karl der Große. Im Marienschrein werden die vier großen Heiligtümer des Aachener Reliquienschatzes aufgehoben: das Kleid der Mutter Gottes, die Windeln Jesu, das Enthauptungstuch von Johannes dem Täufer und das Lendentuch Christi. Alle sieben Jahre wird der Schrein zur Heiligtumfahrt für die Pilger geöffnet.

Das Gegenstück zum Marienschrein ist der Karlsschrein im Dom. Er hat heute seinen Platz in der gotischen Chorhalle des Domes gefunden, dessen Bau von Karl IV. angeregt wurde. Fertiggestellt wurde der Schrein im Jahre 1215 zur Königskrönung Friedrich II. von Hohenstaufen. In ihm sind die Gebeine Karls aufbe-

Thron
Kaiser Karls
des Großen

wahrt. Die Längsseiten zieren keine Apostel, sondern, ganz weltlich, die Nachfahren Karls des Großen in der Königswürde. Wo sich das ursprüngliche Grab Karls des Großen befindet, ist bis heute nicht bekannt. Kaiser Otto III. und Friedrich Barbarossa haben es noch öffnen lassen, dann verlor die Grabstätte ihre religiöse und weltliche Bedeutung. Spätere Untersuchungen blieben erfolglos. Der mythen- und legendenumwobene Kaiser hat sich in unerfindliche Grüfte zurückgezogen. Eindrucksvoller als jede Grabplatte ist jedoch das Kernstück des Aachener Doms, das Oktogon, das noch unter Karl dem Großen erbaut wurde als innerster Kern der Kaiserpfalz. Vorbild waren römische Zentralbauten, die Karl in Italien kennengelernt hatte.

Um das Achteck mit zwei Emporen legt sich ein Sechzehneck, das dem Bau eine großzügige Weite verleiht. Das technische und architektonische Meisterwerk ist nach strengem Plan konstruiert, und zwar errechnet es sich nach einem System, das der Offenbarung des Johannes entnommen ist. In der ersten Empore, die noch mit den originalen Bronzegittern aus der Zeit Karls des Großen ausgestattet ist, steht in bescheidener Majestät ein Marmorthron. Die Kunsthistoriker sind sich uneins über seine Datierung. Er könnte auch aus karolingischer Zeit stammen. Sechs Stufen führen zu dem Stuhl hinauf in Anlehnung an den Thron Salomons. Die karolingische Verknüpfung von weltlicher und christlicher Herrschaft – in Aachen einmalig versinnbildlicht durch den Thron in der Kirche – hat den Mythos der Allgewalt des Imperators nachhaltig geprägt.

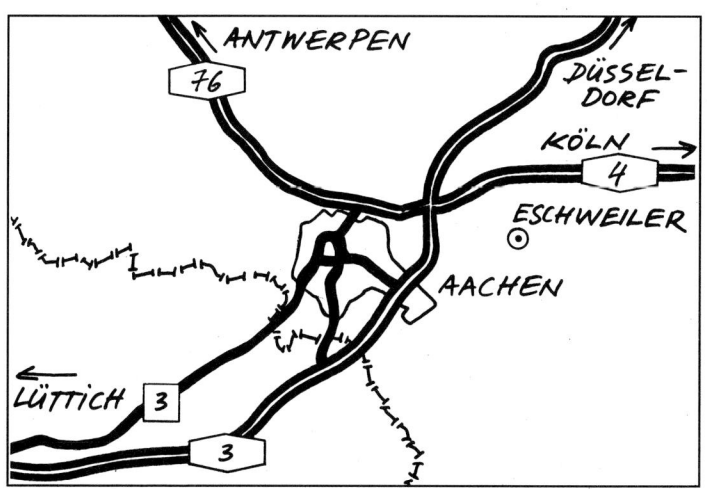

Augsburg – die St.-Anna-Kirche

Am Ende des Mittelalters wächst eine deutsche Kleinstadt zu einer Handelsmetropole von europäischem Rang heran. Ihren Namen erhielt sie schon zur Römerzeit: Augusta Vindelicum – Augsburg. Mit Stolz verweisen die Augsburger auf Kaiser Augustus als ältesten Stadtpatron, auch wenn hier unter seiner Herrschaft nur das erste römische Militärlager entstand.

Trotz schwerer Zerstörungen im Zweiten Weltkrieg bietet das nach 1945 wiederaufgebaute Augsburg auch heute noch einen Abglanz des goldenen Zeitalters der Stadt, das von etwa 1480 bis 1630 andauerte. Prächtige Stadtpaläste, Zunfthäuser, das von Elias Holl erbaute Rathaus, der größte und bedeutendste Profanbau der Renaissance in Deutschland, zeugen von einer ruhmvollen Vergangenheit, die mit dem Namen der Fugger und Welser verbunden ist. Die Finanzmacht dieser Patrizierhäuser ist im 16. Jahrhundert so groß, daß sie die europäische Politik mitbestimmen. Kaiser und Päpste sind auf Kredite der Augsburger Firmen angewiesen. Maximilian I., Karl V. und Papst Pius VI. finden sich in Augsburg ein. Die Stadt erlebt zwischen 1518 und 1555 vier Reichstage und wird zu einem Hauptschauplatz der Kämpfe zwischen katholischer Kirche und Reformation.

An einer von außen unscheinbaren Kirche geht man leicht vorüber, wenn man nicht weiß, daß sie zu den größten Kostbarkeiten der Stadt gehört. Die St.-Anna-Kirche, nur einen Spaziergang vom Rathaus entfernt, birgt nicht nur eine Fülle kunsthisto-

Das Fuggerhaus in Augsburg

Das Rathaus in Augsburg

rischer Raritäten, sie ist auch ein einzigartiger Spiegel der Augsburger Geschichte und des humanistischen Geistes, der diese Stadt über Jahrhunderte prägte.

Im frühen 14. Jahrhundert begonnen, hat die Kirche ihre heutige räumliche Gestalt gegen Ende des 15. Jahrhunderts, also in hochgotischer Zeit, erhalten. Bis zur Reformation war sie die Klosterkirche der Karmeliten, jenes Bettelordens, der während des 3. Kreuzzugs am Berg Karmel in Palästina entstand. Die sogenannte Goldschmiede-Kapelle war ursprünglich eine Pilgerkapelle. Ihre Stifter, das Patrizierehepaar Konrad und Afra Hirz, vermachten sie der aufstrebenden und später berühmten Augsburger Goldschmiede-Zunft. Der Zusammenhang mit den Kreuzzügen und der Pilgermission ist in einem ungewöhnlichen gotischen Fresko festgehalten, das den Aufbruch der Heiligen Drei Könige

Das Innere des Fuggerkapelle

sowie das Zusammentreffen von Heereskolonnen darstellt. Eine andere Erinnerung an Palästina findet sich in der Heiliggrabkapelle. Das der Grabeskirche in Jerusalem nachgebildete Monument diente den Pilgern, die nicht ins Heilige Land gelangen konnten, als Ort der Meditation und Anbetung.

Die größte Sehenswürdigkeit der Kirche ist die Fugger-Kapelle, dem Ostchor und ursprünglichen Altarraum gerade gegenüberliegend. Sie gilt als erstes und bedeutendstes sakrales Bauwerk der deutschen Renaissance. Unter den Kalkstein-Epitaphien, die nach Zeichnungen von Albrecht Dürer und Hans Burgkmair entstanden, ruhen die sterblichen Überreste Jakob Fuggers, den man den Reichen nannte, und seiner Brüder Ulrich und Georg. Nicht mit kriegerischen Mitteln, sondern durch Finanzspekulationen waren sie zu Herren eines Orient und Okzident umspannenden Imperiums geworden, dennoch legten sie Wert darauf, in der Kirche der armen Karmelitenmönche bestattet zu werden. Wesentliche Elemente der Architektur dieses Grabmals zeugen vom heiteren Geist der italienischen Renaissance. Eine Altarskulptur jedoch, wie die von Hans Daucher geschaffene freistehende Figurengruppe, die Christi Leichnam, von einem Engel gehalten, der Gemeinde darbietet, ist in keiner italienischen Kirche des 16. Jahrhunderts zu finden. Die vordere Abgrenzung der Fuggerkapelle bildet eine Balustrade von zierlichen toskanischen Säulen; auf ihr tummeln sich sechs Putten, die wiederum unverwechselbar die Züge deutscher Renaissance aufweisen. Ein sternenförmig angeordnetes Rippengewölbe und die Orgel, eine Rekonstruktion der im Zweiten Weltkrieg zerstörten Orgel von 1512, schließen den prachtvollen Raum ab.

Am 18. Oktober 1518 quartiert sich Dr. Martin Luther im St.-Anna-Kloster in Augsburg ein, um mit dem päpstlichen Legaten Cajetanus über grundlegende Differenzen in Glaubensfragen zu disputieren. Zwei Wochen später flüchtet er bei Nacht und Nebel, weil seine Ideen auf harte Ablehnung stoßen. Drei Originalwerke Lukas Cranachs im Ostchor der Kirche zeugen von dem denkwürdigen Aufenthalt des Reformators in Augsburg. 1983, zum 500. Geburtstag Martin Luthers, wurden die sogenannte Lutherstiege und einige Nebenräume des ehemaligen Karmelitenklosters als Gedenkstätten mit vielen Dokumenten der Reformationszeit eingerichtet. Mit gutem Grund: denn seit dem Auftreten Luthers in Augsburg war St. Anna die Hochburg des Protestantismus in Süddeutschland, die allen Stürmen der Gegenreformation und des Dreißigjährigen Krieges standhielt.

Eine spätere Epoche prägt der Kirche nochmals ihren Stempel auf. In den Jahren 1747/48 wird der Innenraum renoviert und umgestaltet. Auftraggeber ist der Pfarrer und Senior der evangelischen St.-Anna-Kirche, Samuel Urlsperger. Ohne die gotische Substanz des Hauses und die Renaissance-Herrlichkeit der Fuggerkapelle anzutasten, läßt er die Kirche im heitersten Rokoko-Stil erneuern.

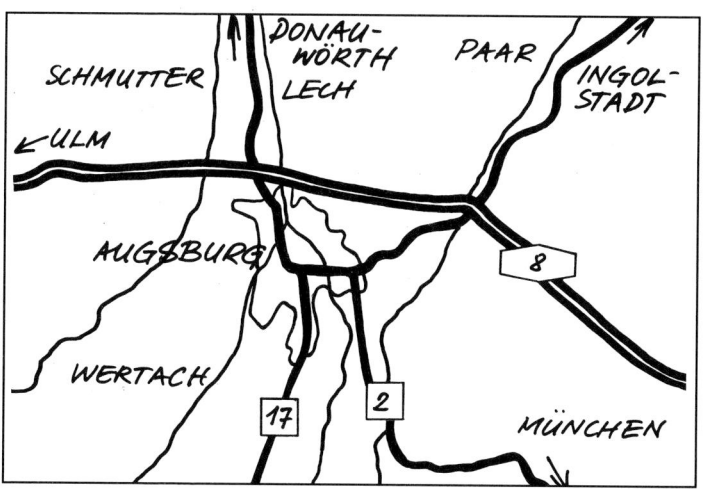

Bamberg – das Kaisergrab im Dom

Kaiser, Fürstbischöfe, Domherren und Äbte, Ritter und wohlhabende Bürger waren die Anreger und Auftraggeber, um Bamberg – eine Stadt im Herzen des Frankenlandes – zu einer kunstvollen Residenz prächtiger Gebäude von der Romanik bis hin zum Barock auszubauen. Das „deutsche Rom" wurde die Stadt auch genannt, weil sich die 'geistliche' Stadt über sieben Hügel hinzieht. Einer dieser Hügel ist der Domberg.

Gesamtansicht von Bamberg. Das Bild zeigt einen Stahlstich aus dem 19. Jahrhundert

Die Grundsteinlegung des Domes und die Errichtung eines eigenen Bistums Bamberg geht auf Kaiser Heinrich II. zurück. Wohl im Jahre 1000 schenkte er seiner jungen, und für die Zeit ungewöhnlich gebildeten Frau, Kunigunde von Luxemburg – die sowohl lesen und schreiben konnte und auch des Lateinischen mächtig war –, Bamberg als Heiratsgut. Im Jahre 1007 wurde Bamberg gegen den Widerstand des Würzburger Bischofs zum Bistum erhoben.

Schon fünf Jahre vorher war mit dem Bau des imposanten Gotteshauses begonnen worden, das sich wie eine Burg über der Stadt erhebt. Überall in Bamberg kann der Betrachter Würdigungen des kaiserlichen Gründerpaares entdecken. Über der Adamspforte des Domes aus der Zeit zwischen 1225 und 1230: Kaiser Heinrich II., 1014 zum Kaiser gekrönt, als Zeichen seiner Macht den Reichsapfel in der linken Hand; daneben seine Frau Kunigunde, das Kirchenmodell des Domes haltend. Ein Holzschnitt aus dem Jahre 1491 zeigt Heinrich und Kunigunde, das heiliggesprochene Kaiserpaar, mit dem neuen Dom, nachdem der alte Dom Ende des 11. Jahrhunderts zweimal abgebrannt war. Noch einmal findet man das Paar mit dem Dommodell in der Hand in der Attika des Portals „Schöne Pforte", dem Eingang zur Alten Hofhaltung auf dem Domplatz, entstanden in den siebziger Jahren des 16. Jahrhunderts. Die Namen der Architekten, Künstler und Bauleute, die den Dom bis etwa 1300 fertigstellten, sind unbekannt. Unbekannt ist sogar der Künstler einer der berühmtesten gotischen Plastiken, des Bamberger Reiters. Selbst wen diese ideale Herrscherfigur darstellen soll, bleibt ein Geheimnis: Ist es einer der drei Heiligen Könige oder Kaiser Konstantin, ist es der jugendliche Heinrich II. oder der Reichserneuerer Friedrich II. oder handelt es sich vielleicht um König Stephan von Ungarn?

Weltbekannt ist dagegen der Künstler des Kaisergrabes für Heinrich und Kunigunde, das zu Füßen des Bamberger Reiters, direkt vor dem Ostchor, plaziert ist. Gemeint ist Tilmann Riemenschneider. Im Jahr 1499 erhielt er den Auftrag, ein Hochgrab für das im Dom beigesetzte Kaiserpaar zu schaffen. Anlaß war wohl das dreihundertjährige Jubiläum der Heiligsprechung Kunigundes im Jahre 1200.

Der Bamberger Reiter

Aber wie so oft wurde der viel beschäftigte Würzburger Meister nicht fertig mit seiner Arbeit. Es dauerte vierzehn Jahre, bis das Werk dann wirklich vollendet war.

Über ein Meter siebzig hoch ist das Grab, das Tilmann Riemenschneider aus marmorglattem Kalkstein schuf. Dem legendenumwobenen Herrscherpaar, den Stiftern und Beschützern des Bamberger Domes, war ein würdiges Denkmal gesetzt. Tilmann Riemenschneider, der als Würzburger Ratsherr später für seine Parteinahme für die Bauern und gegen den Adel mit Folterung und Kerker bestraft wurde, webt mit seinem Grabmal an der Utopie von einer gerechten Herrschaft. Ist das Herrscherpaar auf der Platte des Hochgrabs noch eher konventionell als Träger der Macht dargestellt, von einem Baldachin umwölbt und in reichen Faltenwurf gekleidet, entfaltet sich seine menschliche Seite auf den fünf Bildtafeln der Seitenwände: Die 'Legenda aurea' berichtet von der jungfräulichen Ehe des Kaiserpaares. Die als Makel verstandene Kinderlosigkeit wurde umgedeutet in die Heiligkeit der Jungfräulichkeit. Die Legende erzählt, daß ein Höfling, der ein Satan in Menschengestalt war, Kunigunde nachgestellt habe, um sie vor ihrem Mann der Untreue zu bezichtigen. Die Feuerprobe in Form eines Gottesgericht bewies ihre Unschuld. Die Steintafel zeigt, wie sie mit bloßen Füßen über glühende Pflugscharen schreiten muß, um ihre Verleumder zu widerlegen. Die zweite Darstellung auf der sogenannten Kunigundenseite zeigt das Schüssel- oder Pfennigwunder. Während des Baus des Klosters St. Stephan zahlt die Kaiserin die Bauarbeiter aus. Sie reicht

Kaisergrabmal im Bamberger Dom

die Schüssel mit dem Geld hin, und keiner der Arbeiter vermag es, mehr Geld zu entnehmen, als ihm zusteht. Die individualisierende Ausgestaltung der Gesichter der Arbeiter hat Anlaß dafür gegeben, die Szene als den Beginn einer Handwerkerrevolte zu interpretieren. Mag diese Interpretation vielleicht zu weit gehen, belegen die individuellen Gesichtszüge jedoch auf jeden Fall, daß die Bauarbeiter nicht als dumpfe Masse gesehen wurden, sondern daß soziale Spannungen diese Szene beherrschen.

Auf der gegenüberliegenden Seite des Hochgrabs befinden sich zwei Darstellungen Kaiser Heinrich des II. Wird Kunigunde im Geflecht sozialer Auseinandersetzungen gezeigt, konzentrieren sich die Darstellungen Heinrichs ganz auf sein persönliches weltliches und seelisches Heil. Die vordere Platte zeigt seine Befreiung von einem Steinleiden durch den heiligen Benedikt, der triumphierend den herausgeschnittenen Stein in der Hand hält, während der Kämmerer des Kaisers den Schlaf der Gerechten zu schlafen scheint.

Die andere Szene zeigt, wie Heinrichs gute und schlechte Taten gegeneinander aufgewogen werden. Diese Seelenwägung erscheint wie eine Vorwegnahme des Jüngsten Gerichts. Das Richteramt übt der Erzengel Michael aus. In der einen Waagschale liegen die Pflugscharen der Feuerprobe, groteske kleine Teufelchen zerren die Schale nach unten. Aber das Übergewicht behält die andere Schale, in die der heilige Laurentius jenen Krug legt, den der Kaiser zum Wiederaufbau des eingestürzten Chores des Doms von Merseburg gestiftet hatte.

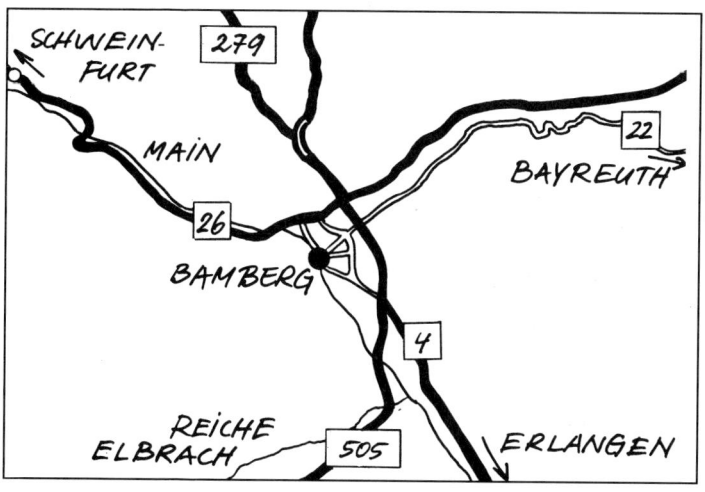

Bayreuth – Jean Paul

Bayreuth – der Name besitzt einen magischen Klang bei den Musikfreunden in aller Welt. Die Festspiele, die Richard Wagner 1872 hier ins Leben rief, das Festspielhaus, das nach seinen Plänen erbaut und 1876 eingeweiht wurde, ziehen heute wie damals die musikalische Fachwelt und die internationale Prominenz in ihren Bann. Zur Festspielzeit vergißt man, daß Bayreuth ein Städtchen von 70.000 Einwohnern ist, dessen bescheidene politische Funktion darin besteht, Verwaltungssitz des bayerischen Regierungsbezirks Oberfranken zu sein. Für kurze Zeit hatte Bayreuth schon früher einmal eine glanzvolle Blütezeit erlebt, die das Provinznest in ganz Europa bekannt gemacht hatte. Um die Mitte des 18. Jahrhunderts entfaltete sich unter Markgraf Friedrich von Bayreuth und seiner Frau Wilhelmine, der Schwester Friedrichs des Großen, ein blühendes kulturelles Leben, dessen Zeugnisse noch heute in Bayreuth gegenwärtig sind: im Neuen Schloß, in der berühmten Eremitage und in einem barocken Opernhtheater, das zu den schönsten in Europa gehört.

Zwischen diesen großen Epochen der Stadt verlieren sich fast die Spuren eines Mannes, der zwei Jahrzehnte lang in Bayreuth gelebt hat und zu den bedeutendsten Gestalten der

Das Gartenhäuschen

Jean Paul im Garten

deutschen Dichtung gehört. Die Rede ist von Johann Paul Friedrich Richter, oder wie er sich nannte: Jean Paul. Nicht, daß die Bayreuther Bürger ihn vergessen hätten! Sein Denkmal steht heute noch am ursprünglichen Platz; König Ludwig I. von Bayern gab es in Auftrag, der Bildhauer Ludwig Schwanthaler verlieh ihm seine etwas biedermeierliche Gestalt. Auch das Haus in der Friedrichstraße Nr. 5, in dem Jean Paul von 1813 bis zu zu seinem Tode 1825 wohnte, ist äußerlich fast unverändert erhalten geblieben.

Jean Paul war Anfang vierzig, als er sich 1804, im Jahr der Kaiserkrönung Napoleons, in Bayreuth niederließ. Die Zeit des hungerleidenden Poeten und seine Wanderjahre hatte er hinter sich. Mit seinen Romanen „Hesperus", „Siebenkäs" und „Titan" war er berühmt geworden, ein Erfolgsautor, dessen Schriften mindestens so populär waren wie die Goethes und Schillers.

Die anfängliche Begeisterung für – wie Jean Paul sich ausdrückte – „das liebe Bayreuth, auf einem so schön gearbeiteten, so grün angestrichenen Präsentierteller einem dargeboten", hielt nicht lange an. Später sprach er von seinem „immer mehr verar-

Das Arbeitszimmer Jean Pauls

menden Bayreuth-Leben", von seinem „Ekel an der leeren Oberfläche Bayreuths". Doch dieses Urteil war ungerecht gegen seine neue Heimatstadt. Der eigene Wunsch, in Ruhe arbeiten zu können, hatte ihn nach Bayreuth getrieben, wo er ohne materielle Not bis ans Lebensende ausharrte. Und aus dem gleichen Grund trat er in Bayreuth nochmals die Flucht in eine selbstgewählte Einsamkeit an.

Für die heutigen Jean-Paul-Verehrer oder Liebhaber kulturhistorischer Raritäten ist es nicht ganz leicht, den Weg zu dem Ort zu finden, wohin der Dichter sich verkroch, wenn er allein und ungestört arbeiten wollte. Zur Sommerzeit wanderte er jeden Morgen in der Frühe hinaus zur „Rollwenzelei", einer an der Peripherie Bayreuths gelegenen Gastwirtschaft in unmittelbarer Nähe der fürstlichen Eremitage. Anna Dorothea Rollwenzel hatte 1811, weil sie einen verwundeten französischen Offizier gesund gepflegt hatte, von Napoleon höchstpersönlich die Lizenz erhalten, das ehemalige Zollhaus als Gaststätte weiterzuführen. Hier empfing sie als ihren liebsten Gast den Dichter Jean Paul. Sie stellte ihm ein Dachstübchen als Arbeitszimmer zur Verfügung, das heute noch, kaum verändert, zu besichtigen ist.

Es ist kein Museum, das den Neugierigen erwartet, sondern ein winziger Raum, so unauffällig wie das Doppelleben, das der Dichter hier geführt hat. Wenn der heutige Besitzer der alten Rollwenzelei gerade zu Hause ist, führt er die Besucher gerne hinauf in das Zimmer, dessen Erinnerungsstücke er wie Reliquien hütet.

„Das ist die Stube! Hier hat Jean Paul seit fast zwanzig Jahren fast tagtäglich gesessen und geschrieben; hier an diesem Tische hat er gearbeitet, viel gearbeitet, ach Gott, er hat sich zu Tode gearbeitet. Ich hab' es ihm oft gesagt: 'Herr Legationsrat, Sie arbeiten sich zu Tode! Schonen Sie sich! Sie halten es nicht lange so aus!'" So erzählte Frau Rollwenzel nach dem Tod ihres geliebten Dauergastes. Ein bißchen kunterbunt, so wie sie sich gerade erhalten haben, stehen oder hängen Erinnerungsstücke an Jean Paul in dem kleinen Raum.

Jean Paul schrieb und trank, trank und schrieb, gleichgültig, was die Welt über ihn redete. Die mütterliche Rollwenzelin nahm ihn gegen alle anzüglichen Bemerkungen in Schutz, als sie ihn in einer typischen Haltung schilderte: „Nach einem Stündchen kam ich wieder, aber der Geist ließ ihn noch nicht zu sich kommen, und wenn er endlich aufstand und die Treppe herunter kam, da schwankte er hin und her, und ich ging, ohne daß er es merkte, vor ihm her, daß er keinen Schaden nähme. Ach Gott, dachten da die bösen Menschen, die ihn nicht kannten, er hätte zuviel getrunken. Aber, so wahr mich Gott selig mache, das war es nicht. Ein Fläschchen Roussillon des Tags über, abends manchmal ein Krug Bier, mehr hat er bei der Rollwenzeln nicht zu sich genommen, einen Ehrentag etwa ausgenommen, wenn er mit ein paar guten Freunden hier war."

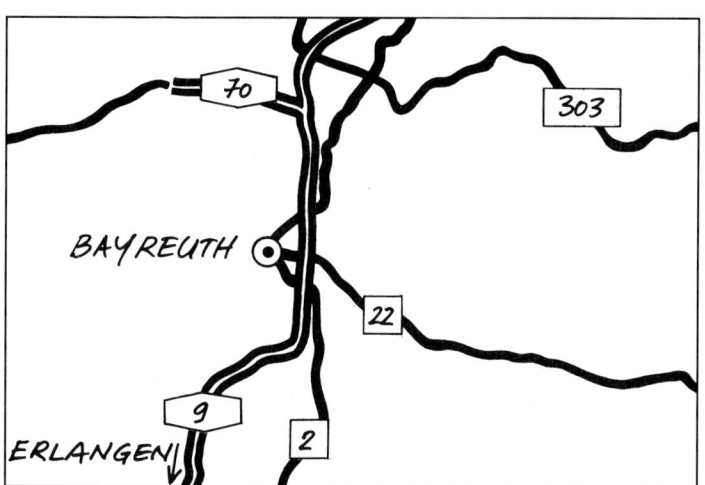

Berlin – die Marienkirche

Was der Ku'damm im westlichen Teil der Stadt ist, ist der Alex im östlichen Teil. Mitten im Zentrum, am Alexanderplatz, steht die 1270 erbaute Marienkirche, Berlins älteste erhaltene Kirche. Ursprünglich gotisch, wurde sie nach einem Brand im fünfzehnten Jahrhundert unter Einbeziehung der gotischen Reste neu errichtet.

In der Eingangshalle unter dem Turm befindet sich eine monumentale Wandmalerei, die auf das Pestjahr 1484 zurückgeht und als Thema den Totentanz hat.

Das Bewußtsein der sozialen Gerechtigkeit des Todes, die keinen Standesunterschied kennt, war neu im Mittelalter. Jeder Mensch mußte sterben. Kein Reichtum und kein Stand konnte diesen Umstand ändern.

Aus dieser Erkenntnis heraus entstand das 2 mal 22 Meter lange Fresko. Es beginnt neben dem Westportal und beschreibt, den architektonischen Vorgaben folgend, einen offenen Kreis mit Küster, Kapellan, Offizial, Augustiner, Dominikaner, Kirchherr, Karthäuser, Arzt, Mönch, Domherr, Abt, Bischof, Kardinal und Papst. Das Kreuz mit dem hingerichteten Christus bildet die Mitte. Mit Kaiser, Kaiserin, König, Herzog, Ritter, Bürgermeister, Wucherer, Junker, Kaufmann, Amtmann, Bauer, Gastwirt und

Neptunbrunnen und Marienkirche

Wasserfontainen vor der Marienkirche

Narr geht die Darstellung derer weiter, die dem Tod ebensowenig entgehen können wie die anderen. Das 28. Bild stellte eine Mutter mit ihrem Kind dar, es ist leider verlorengegangen.

Man könnte meinen, daß die Mächtigen deshalb in der Nähe des Kreuzes und damit von Christus stehen, weil sie am meisten gesündigt haben und deshalb am meisten der göttlichen Vergebung bedürfen.

Das Motiv des Totentanzes soll aus dem mittelalterlichen Frankreich gekommen sein. Es wurde bald ein beliebtes Thema in ganz Europa. Memento mori – bedenke, Mensch, daß du stirbst! Das Fresko zeigt, wie der Tod jeden einzelnen bei der Hand nimmt und aus dem Leben heraus holt. Es gibt für jeden Menschen einen Tod. Jedes Todesgespenst auf dem Fresko sagt es dem Beschauer immer wieder: Bedenke, Mensch, es kann jeden

Augenblick geschehen, daß ich dich an der Hand nehme, dir ans Herz fasse, unvorhergesehen vor dir stehe, und daß heißt, daß deine Zeit unwiderruflich abgelaufen ist, du mußt gehen.

Gehen schon, aber wohin? Zunächst einmal fort von den täglichen Mühen und Plagen. Angesichts der sozialen Ungerechtigkeiten der damaligen Zeit, in der Menschen noch in Leibeigenschaft lebten, oft schlechter als das Vieh in den Ställen seiner Besitzer, war der Tod auch ein Trost für die Schwachen. Tod bedeutete für sie die Verheißung eines besseren Lebens im Jenseits. Der Tod war der freundliche Erlöser aus der Drangsal des irdischen Lebens. Der Tod nahm jegliche Krankheit von einem, allen Schmerz, allen Hunger, alle Müdigkeit.

Der Tod war der Schlaf eines jeden bis zum Tag des Jüngsten Gerichts. Und nach der irdischen Mühsal und Qual verhieß der christliche Glaube eine bessere Zukunft im ewigen Leben nach dem Tode, im Reich Gottes, neben Ihm und Seinen Engeln – vor allem den Ärmsten der Armen. Sie hatten ihre Sünden schon zu Lebzeiten abgebüßt. Ihnen konnte, wenn es göttliche Gerechtigkeit gab, nur noch das Paradies winken. Anders war das mit den Reichen und Mächtigen, die schon auf Erden so lebten, wie die Armen sich das Leben im Paradies vorstellten.

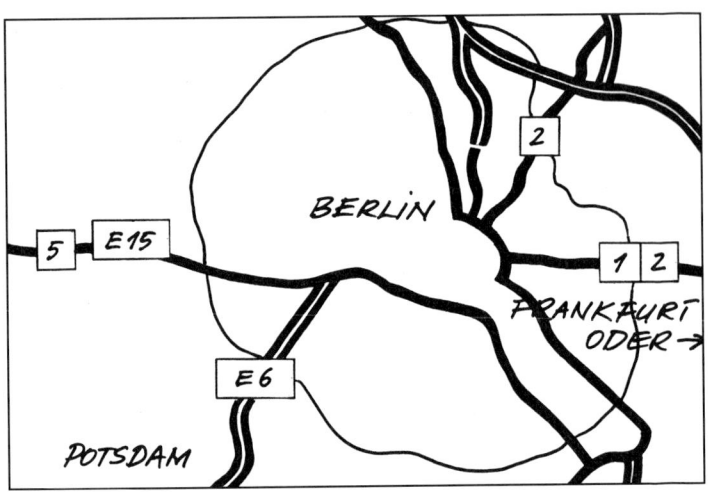

Berlin – das Zucker-Museum

Eine Schönheit ist sie nicht, die Zuckerrübe. Eigentlich auch keine Sehenswürdigkeit, meint der unkundige Laie, doch da muß er sich eines Besseren belehren lassen. In Berlin gibt es ein Museum, in dem die Zuckerrübe einen sehr prominenten Platz einnimmt. Die Turmspitze des Gebäudes in der Amrumer Straße 32 erinnert an die preußische Pikelhaube, soll aber auch die Rübengestalt symbolisieren. Das Eingangsportal macht deutlich, worum es geht. Die Göttin Athene, die Hüterin der Wissenschaften, schüttet ihr Füllhorn aus, aus dem lauter Zuckerrüben herauspurzeln. Man betritt das altehrwürdige Institut für Zuckerindustrie, das in der einzigartigen Sammlung fortlebt, die seit September 1989 wieder öffentlich zugänglich ist.

Als das Museum 1904 eingeweiht wurde, diente es nicht zuletzt der Demonstration preußischer Tugenden und Errungenschaften. Ein Ölgemälde im Treppenhaus zeigt Friedrich Wil-

Verschiedene Zuckerbehälter

helm III. und seine Gemahlin, Königin Luise, bei einer Audienz im Jahre 1799. Empfangen wird der Chemiker Franz Carl Achard, der dem König den Plan zur ersten Rübenzuckerfabrik der Welt eröffnet. Als Beweisstück wird ein weißblau leuchtender Zuckerhut präsentiert.

Daß diese Audienz in dieser Form nie stattgefunden hat und daß eine kritische Haltung gegen preußisch-wilhelminische Mythenbildung angebracht ist, daraus machen die Organisatoren des heutigen Museums keinen Hehl. Nicht ins Reich der Legende gehören jedoch die großen Leistungen der Wissenschaftler und Industriellen in Preußen, die im 18. und 19. Jahrhundert Pioniertaten auf dem Gebiet der Zuckergewinnung vollbrachten. 1747 entdeckte der Chemiker Andreas Sigismund Marggraf unter dem Mikroskop, daß die kristalline Struktur des Zuckers in der Runkelrübe ebenso vorhanden ist wie im Zuckerrohr, dem bis dahin einzig bekannten Rohstoff der Zuckergewinnung. Sein Schüler und Amtsnachfolger Achard nutzte diese Erkenntnis und baute die erste Rübenzuckerfabrik im schlesischen Dorf Cunern. Ein zeitgenössisches Holzmodell dieser 1802 in Betrieb genommenen Fabrik gehört zu den Kostbarkeiten der Sammlung.

Das Museum zeigt Objekte aus allen Gebieten, die mit dem Zucker zu tun haben, aus natur- und ernährungswissenschaftlichen und technischen Bereichen, aus Landwirtschaft, Botanik, Wirtschaftsgeschichte und Volkskunde und bietet so eine Fundgrube zur Entdekung eigener Wissenlücken besonders in kulturhistorischer Hinsicht. Die Geschichte der chemischen Analyse ist noch jung, sehr alt dagegen sind die Instrumente, mit denen der süße Saft aus dem Zuckerrohr herausgepreßt wurde. Im Garten

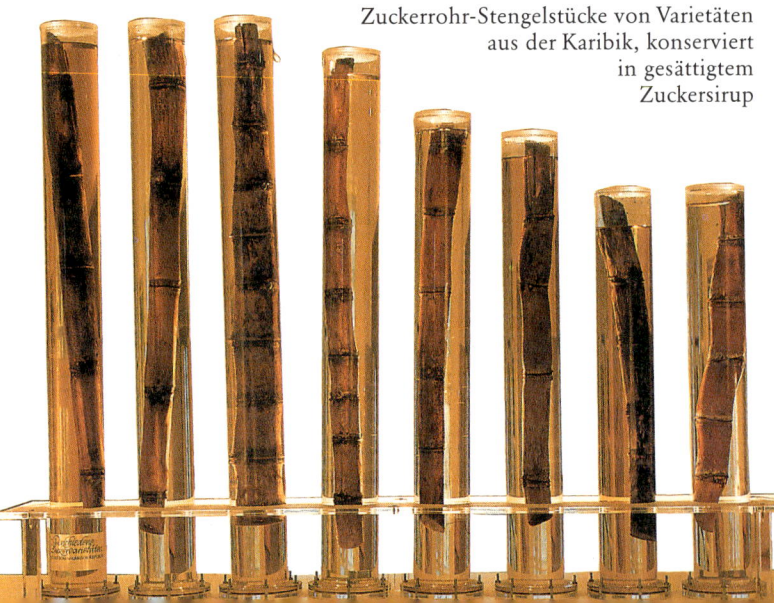

Zuckerrohr-Stengelstücke von Varietäten aus der Karibik, konserviert in gesättigtem Zuckersirup

des Museums kann man eine schwere chinesische Zwei-Walzen-Steinmühle bestaunen, die um 1600 in Gebrauch war. Ein Pendant dazu ist die riesige hölzerne Zuckerrohr-Quetsche aus Bolivien im ersten Ausstellungsraum, um 1700 gebaut. Erst um 1870 fand man in Neukaledonien die Urheimat des Zuckerrohrs mit den verschiedensten Urformen der Pflanze, aber man weiß, daß sie in tropischen und subtropischen Gebieten schon vor 15000 Jahren als Genußmittel diente.

Auf den ersten Blick hält man die hübschen Zuckerhüte, die heute noch das Erkennungssymbol für Zuckerwaren sind, für eine Design-Form des 19. Jahrhunderts. In Wirklichkeit sind sie die älteste Form des durch Raffination veredelten Zuckers, älter als die meisten mittelalterlichen Kirchen und Kathedralen. Um 600 n.Chr. kam man in Persien auf die Idee, in konischen Tongefäßen mit einer kleinen Öffnung am unteren Ende den zur Kristallmasse eingedickten Zuckerrohrsaft auf primitive Weise zu reinigen. Durch die Kreuzzüge wurde dieses Produkt in Europa bekannt.

In drei weiteren Abteilungen des Museums gewinnt man einen Eindruck von der ökonomischen und weltpolitischen Rolle, die der Zucker in den Machtkämpfen der Neuzeit spielt. Nicht nur die Gier nach Gold und Silber spornte die Entdeckungsreisenden des 15. und 16. Jahrhunderts an. Sie trachteten nach der Kontrolle über den Gewürzhandel – und den Zucker. Schon Kolumbus brachte bei seiner zweiten Amerikareise das Zuckerrohr von den Karibischen Inseln aufs amerikanische Festland. Das Zeitalter des Kolonialismus, der Plantagen- und Sklavenwirtschaft brach an.

Erst vor diesem Hintergrund gewann die Zuckerproduktion aus der einheimischen Runkelrübenfamilie drei Jahrhunderte später ihre eminente Bedeutung. Bis ins 18. Jahrhundert hinein war der aus Übersee importierte Zucker, auch wenn er längst in Europa verarbeitet und verfeinert wurde, ein Luxus, den sich nicht viele leisten konnten. Bienenhonig blieb das auch nicht eben billige Süßmittel für die betuchtere Bevölkerung. Die unscheinbare Zuckerrübe veränderte die Situation, sprengte das Zuckerrohrmonopol, untergrub die Sklavenwirtschaft und machte den Zucker auch den unteren Volksschichten erschwinglich.

Blexen (Nordenham) – die St. Hippolyt-Kirche

In den weiten und leeren Landstrichen Ostfrieslands waren im Mittelalter die Kirchen oft die einzigen Orte, an denen sich ein kulturelles Leben entwickeln und gegen Naturgewalt und menschliche Gewalt behaupten konnte. Die Kargheit der Landschaft spiegelt sich in der äußeren Schlichtheit ihrer Architektur. Ein Beispiel ist die St.- Hippolyt-Kirche in Blexen, einem Ort, der zwischen Nordenham und Bremerhaven unmittelbar an der Wesermündung liegt. Sie gehörte zu den vier Kirchen des Rüstringer Landes, deren Türme den Schiffen die Nähe der Flußmündung anzeigten.

Blexen – der Name ist abgeleitet von „Pleccateshem", was so viel wie „Blitzheim" bedeutet. Die germanische Gottheit Thor, über Blitz und Donner gebietend wie Zeus im olympischen Him-

Die St. Hippolyt-Kirche in Blexen

mel, war hier zu Hause, bevor die ersten christlichen Missionare auftauchten. Man tut gut, sich daran zu erinnern, wenn man das altehrwürdige Gotteshaus in Blexen betritt. Der erste Eindruck ist der eines kahlen, nüchternen, ganz und gar protestantisch wirkenden Kirchenraums, ohne Glanz und äußere Schmuckelemente. Die flache Balkendeke und die Rundbogenfenster unterstreichen den romanischen Grundcharakter. Erst bei genauerem Hinsehen erschließt sich die geheime Korrespondenz, ein merkwürdiger Schwebezustand zwischen heidnischer und frühchristlicher, katholischer und protestantischer Glaubenskultur.

Der Heilige, dessen Namen die heute evangelische Kirche immer noch trägt, ist St. Hippolyt. Er war der Legende nach der Kerkermeister des Märtyrers Laurentius und wurde durch dessen Standhaftigkeit vom wahren Glauben überzeugt. Zur Strafe erlitt Hippolyt selbst den Märtyrertod: Er wurde von wilden Pferden zu Tode geschleift. Diese Heiligenlegende geht zurück auf eine Gestalt der griechischen Mythologie: Hippolythos, der Sohn des Theseus, wurde ebenfalls für ein angebliches Verbrechen – übrigens auch an einem Meeresufer – von Pferden zu Tode gequält. Die gotische Sakramentnische in der Nordwand des Chors hält dieses Motiv fest, nur daß es hier ein friesischer Ochse ist, der das Folterwerk vollbringt.

Der archaische Charakter, der die Kirche im ganzen prägt, kommt auch in anderen Details zum Ausdruck. Gegenüber der Kanzel befindet sich ein Taufbecken, das 1642 von dem Bildhauer Onno Dircksen aus Sandstein gemeißelt wurde. Die Taufschale ist unschwer als Werk des Barock zu erkennen. Die Figur, die sie stützt, wirkt dagegen wie ein Zitat aus dem Formenschatz romanischer Skulptur; sie weckt die Assoziation mit der antiken Figur des Atlas, der die Weltkugel trägt.

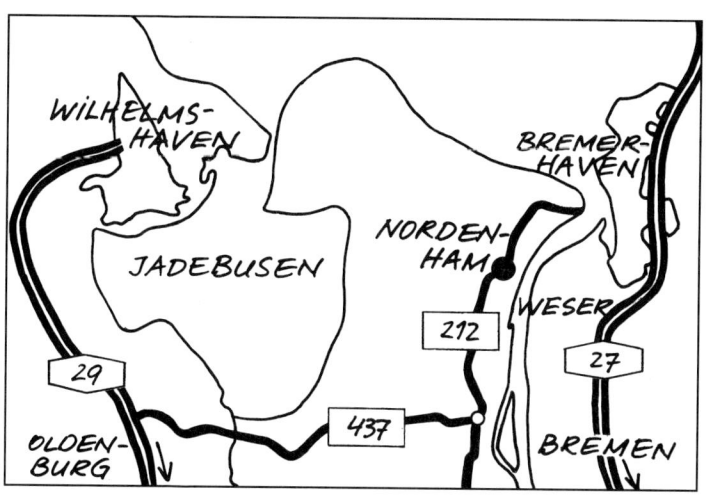

Bremen – der Ratskeller

Zentrum des merkantilen Treibens der Bremer Kaufleute, die 1358 Mitglied des Kaufmannsbundes Hanse wurden und Mitte des 17. Jahrhunderts das Privileg einer Freien Reichsstadt erhielten, war der Markt. Hier steht als Zeuge hanseatischen Stolzes der spätgotische Backsteinbau des alten Rathauses, errichtet in den Jahren 1405 bis 1410. Zu Beginn des 17. Jahrhunderts erhielt die Marktseite eine prächtige Renaissance-Ausstattung, gekrönt von einem fünfstufigen flandrischen Giebel.

Vom alten Bau blieb der Laubengang erhalten und der Zyklus der Sandsteinfiguren, deren Originale heute im Focke-Museum aufbewahrt werden. Dargestellt ist unter Baldachinen auf zierlichen Konsolen an der Marktseite Kaiser Karl der Große mit den sieben Kurfürsten.

Der Bremer Ratskeller im Gewölbe ist kein gewöhnliches Lokal; er wurde eingerichtet, um hier das Weinmonopol der Stadt wahrzunehmen. Eine Weinverordnung aus der Mitte des 14. Jahrhunderts legte unter Androhung von Strafe fest, daß nur der Rat der Stadt Bremen den köstlichen Rheinwein ausschenken durfte. Aus alter Tradition führt der Bremer Ratskeller nur deutsche Weine, allerdings nicht mehr nur – wie ursprünglich – Rheinweine, sondern auch die Tropfen anderer Weingebiete, die

Der Ratskeller in Bremen

inzwischen Gnade vor den gestrengen Kellermeistern gefunden haben.

In der großen dreischiffigen Haupthalle stehen vier Prunk- und Schaufässer: Das größte aus dem Jahre 1737 faßt 37.000 Flaschen und ist wie das Faß aus dem Jahre 1723 mit dem Bremer Wappen geschmückt. Anmutig erzählen die beiden anderen Fässer aus dem Jahre 1623 von der Weinlese und dem Leben der Weinbauern im Rheinland.

Eine Bremer Besonderheit sind die hölzernen Kabinette an der Marktseite des Ratskellers, Priölken genannt. Eingerichtet hat sie ein holländischer Baumeister zu Beginn des 17. Jahrhunderts. Sie sind nicht der Ort geheimer Liebes-Techtelmechtels, denn die Tür jedes Stübchens darf nur geschlossen werden, wenn sich mehr als zwei Gäste darin befinden. Die Priölken waren der Ort, wo Kaufleute, Ratsmänner und von langer Seefahrt heimgekehrte Kapitäne ihre Geschäfte bei einem Glas Wein abwickelten. Freilich blieb es nicht bei einem Pokal – eine alte Verordnung aus dem Jahre 1632 beschränkte die angemessene Trinkmenge pro Person auf zwei Stübchen Wein, das sind acht Flaschen. Hinter den großen Fässern verborgen führt eine enge, unbequeme Treppe direkt vom Rathaus in den Keller. Es heißt, über diese Stiegen konnten sich die Ratsherren unbemerkt in das sogenannte Senatszimmer begeben. Nachgewiesen ist dieser Raum seit 1547 als Ort, an dem der Rat in weinseliger Umgebung politische Fragen beriet und seine Gäste empfing. Das Kaiserzimmer gleich daneben ist jüngeren Datums; hier wurden gekrönte Häupter, Staatsmänner, Feldherren und Diplomaten bewirtet. Das Zimmer stand aber auch privaten Festlichkeiten zur Verfügung. Die anregende Atmosphäre dieses Kellers hat der romantische

Weinfaß im Bremer Ratskeller

Dichter Wilhelm Hauff in seinen „Phantasien im Bremer Ratskeller" festgehalten, als er im Sommer 1826 zwölf Tage in der Stadt weilte und die Bremer Gastfreundschaft genoß. Hauff, von Liebesleid geplagt, begab sich nächtens als einsamer romantischer Zecher in den Keller. Der erste Weg führte ihn in den Keller des Weingottes Bacchus, wo dieser feist und nackt ausgelassen auf einem mächtigen Weinfaß thront. Weniger gemütlich geht es in einer anderen Ecke des Bacchuskellers zu, im sogenannten „Schwarzen Loch". Hier verspielte in der Silvesternacht 1561 ein Zimmermann sein Leben. Wandmalereien erzählen von diesem Frevel. Der Spieler büßte sein Leben ein, die Bremer Ratsherren ließen ihn in die Wand einmauern, und noch heute soll es an dieser Stelle in der Silvesternacht rumoren und pochen.

Wilhelm Hauff ließ sich von solch grausiger Mär nicht schrecken. Er eilte in den Apostelkeller, benannt nach den zwölf Fässern, die jedes den Namen eines Apostels tragen und ein so kostbares Gut bergen wie Rüdesheimer der Jahrgänge 1748, 1766, 1784, einen Hochheimer aus dem Jahre 1727 und einen Johannisberger aus dem Jahre 1783. Durch den Apostelkeller führt der Weg ins Allerheiligste des Bremer Ratskellers – in den Rosekeller. Hier lagern die ältesten deutschen Faßweine. Noch bis ins letzte Jahrhundert durfte dieser Keller nur in Begleitung eines Ratsmannes betreten werden, später dann mit einem besonderen Erlaubnisschein. Die größte Kostbarkeit ist der Roséwein, ein Rüdesheimer Jahrgang 1653. Noch heute erhält jeder Bremer Bürgermeister bei seiner Amtseinführung einen Fingerhut voll.

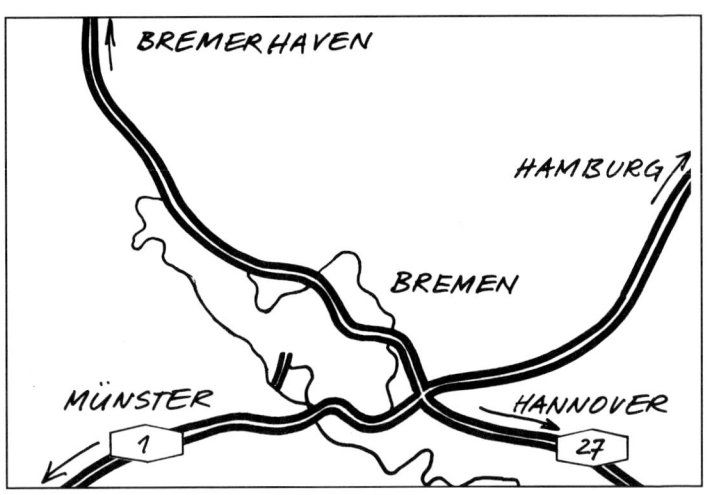

Celle – die Schloßkapelle

Die norddeutsche Stadt Celle, das südliche Tor zur Lüneburger Heide, macht es dem Besucher leicht, sich in vergangene Zeiten zurückzuversetzen. Die wunderschön restaurierten und gepflegten Fachwerkhäuser aus dem 16. und 17. Jahrhundert, Schloß, Rathaus und Stadtkirche, die teilweise viel älter sind, locken in- und ausländische Besucher in Scharen an. Auffallend ist die große Zahl der Engländer und Dänen in Celle.

Der Grund liegt in der Geschichte der Herzöge von Lüneburg, die hier zwischen 1387 und 1705 residierten. Sophie Dorothea, die Tochter des letzten Herzogs von Celle, geboren 1666 und gestorben 1726, war die Stamm-Mutter des heutigen englischen Königshauses und die Urgroßmutter Friedrichs des Großen.

Die Dänen wiederum lieben ihre Königin Caroline Mathilde, die im Jahr 1775, erst 25 Jahre alt, in Celle starb. Sie überlebte nicht lange ihre große Liebe, den deutschen Staatskanzler und radikalen Aufklärer in Kopenhagen, Johann Friedrich Struensee.

Die leidenschaftliche Affäre zwischen der jungen Königin und Struensee und mehr noch dessen Hinrichtung erregten die adelige wie die bürgerliche Welt in ganz Europa. Weil sie die Schwester des englischen Königs war, entging Caroline Mathilde dem Tode, sie wurde nur verbannt: in das leerstehende Schloß

Straße mit Fachwerkhäusern in Celle

von Celle. Die Räume, in denen sie von 1772 bis zu ihrem Tod lebte, sind zur Zeit wegen Renovierung geschlossen. Das Denkmal, daß der Leipziger Künstler Adam Oeser, ein Lehrer Goethes, im Französischen Garten zu ihrem Andenken schuf, ist eine umso häufiger besuchte Pilgerstätte.

Die Geschichte des Celler Schlosses ist aber nicht nur eine Geschichte großer dynastischer und manchmal skandalumwitterter Beziehungen und Romanzen. Auch der kunsthistorisch Interessierte kommt auf seine Kosten, vor allem, wenn er die Schloßkapelle besichtigt, ein wahres Kleinod norddeutscher Renaissancekunst. Die 1486 geweihte Kapelle ist an den spitzbogigen Kreuzgewölben als ursprünglich gotische Anlage zu erkennen. Ihr Charakter ist jedoch durch die reiche Renaissanceausstattung geprägt, die sie um die Mitte des 16. Jahrhunderts erhielt. Die wegen ihrer Logenwände an ein Theater erinnernde Innengestaltung stammt aus der Regierungszeit Herzog Wilhelm des Jüngeren, dessen Vorgänger – Ernst der Bekenner – die Reformation im Fürstentum Lüneburg und in Celle eingeführt hatte. Der frische Renaissancegeist, der in diesem Raum weht, verbindet sakrale mit weltlichen Elementen, streng lutherische Glaubensinhalte mit fürstlicher Repräsentationslust. Unbekümmert um die ur-

Denkmal für die Königin Caroline Mathilde

sprünglich symmetrische Raumgliederung der Gotik ließ Herzog Wilhelm die Kapelle zu einem Abbild seines Hofstaates umbauen. Ihm selbst war die zentrale Loge an der Nordseite vorbehalten. Seine Frau nahm im Obergeschoß an der westlichen Kapellenwand Platz. Für die höheren Hofbeamten war die Nische unter der Fürstenloge da, und für das niedere Personal genügten die einfachen Bänke im Parterre.

In der opulenten Bildausschmückung der Kapelle setzt sich der eigentümliche Widerspruch von sakralen und profanen Zügen fort. Mit großartiger Selbstverständlichkeit ist die Kreuzigungsszene des Altar-Triptychons eingefaßt von zwei Seitenflügeln, die den Herzog und seine Gemahlin als anbetende Stifterfiguren zeigen, größer als die Heiligenfiguren des Hauptbildes.

Die insgesamt 76 Bilder, mit denen diese kleine Kirche dekoriert ist, stammen von Marten de Vos, dem einflußreichsten flämischen Meister in der zweiten Hälfte des 16. Jahrhunderts, und seinen Schülern. Eine Kuriosität am Rande: Marten de Vos konvertierte später zum Katholizismus und wurde ein gefragter Maler der Gegenreformation in den Niederlanden. Bei seiner Arbeit für die Schloßkapelle in Celle hielt er sich jedoch genau an die Vorgaben, die ihm der Herzog und dessen Hofprediger gemacht hatten.

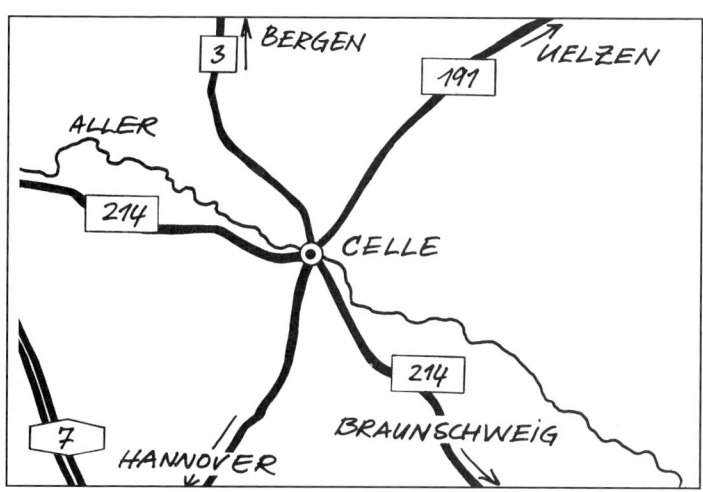

Dresden – das Grüne Gewölbe

An der Brühlschen Höhe in Dresden liegt das Albertinum. Es wurde 1559 als Zeughaus erbaut und enthält heute eine Gemäldegalerie Neuer Meister, die Skulpturen-Sammlung und das sogenannte Grüne Gewölbe. Im Grünen Gewölbe ist eine einmalige Pretiosensammlung untergebracht, die früher im Residenzschloß ihre Heimat hatte. Unlösbar mit den Kunstwerken dieser Sammlung verbunden sind die Namen Dinglinger und Permoser.

Johann Melchior Dinglinger, der Goldschmied, hatte sich auf eigene Rechnung einen unerschöpflichen Vorrat an seltsam geformten Perlen, Edelsteinen und Halbedelsteinen jeder Größe und Farbe, Gold, Silber, anderen Metallen und Mineralien angelegt. Mit diesen Schätzen arbeitete er und schuf damit nach seinen eigenen Eingebungen Wunderwerke wie die Diana im Bade,

„Der Hofstaat zu Delhi"

die Kämpfe des Herkules oder den Geburtstag des Großmoguls Aurang-Zeb. Die Geburtstagsdarstellung ist das Modell eines indischen Fürstenhofes. Die Lokalität, auf der sich die Pracht dieser Hofhaltung entfaltet, ist selbst schon Pracht: eine aus Silber getriebene, nach hinten ansteigende Bühne, nach vorne offen, sonst eingefaßt von silberner, durchbrochener und ziselierter Mauer. Ganz hinten in der Tiefe der Bühne, vielfach erhöht durch die verschiedenen Treppenabsätze, sitzt der Großmogul auf einem prachtvollen roten Kissen aus kunstvoll gearbeiteter Emaille. Diener zu beiden Seiten fächeln ihm Luft zu mit großen Fächern aus Silberfiligran, geformt wie Baldachine, sanft hin- und hergeschaukelt von ihrem eigenen Gewicht oder von dem Sklaven, der breitbeinig stehen muß, um ihrem Gewicht standzuhalten. Und da kommen sie an von allen Seiten, die Gratulanten, begleitet von ihren Sklaven, die sie in Sänften tragen, ihren Mohren, die Geschenke anschleppen: Pendeluhren, Lacktische, Musikinstrumente. Einhundertfünfzig winzige emaillierte Figuren hat der Hofjuwelier Dinglinger in den Hof des Palastes des Großmoguls gestellt. Prunkvoll gesattelte Elefanten, Pferde, Kamele kommen da an, zwischen Springbrunnen unter Palmen. Diese „Puppenstube" hat Dinglinger als Auftragsarbeit für den sächsischen Kurfürsten und König von Polen, Friedrich August I., genannt August der Starke, angefertigt. August der Starke hatte die Bücher von Tavernier und Bernier gelesen. Diese beiden Weltreisenden hatten an der Geburtstagsfeier des Großmoguls teilgenommen, einem Zeitgenossen Augusts des Starken. Den König gelüstete es nun, die Pracht des Orients zu schauen. Sein Hofjuwelier bekam die Aufgabe, ihm diese Pracht vor Augen zu führen.

„Diana im Bade"

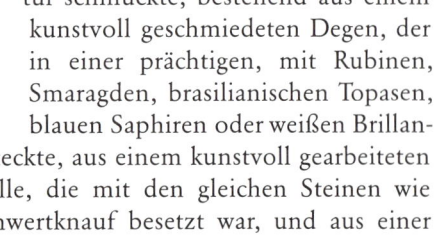

„Mohr mit Smaragddrüse"

Der indische Großmogul Aurang-Zeb galt zu jener Zeit als der reichste und mächtigste Herrscher der Erde. Dinglinger machte sich an die Arbeit. Was ihm da gelang, galt als das Außergewöhnlichste, das je ein Goldschmied in Europa in Angriff genommen hatte.

Kuriositäten dieser Art hatten mehrere Funktionen zu erfüllen. Einmal legten sie Zeugnis ab über den Reichtum des Auftraggebers. Zum anderen aber veranschaulichten sie sehr eindrucksvoll, wie hochentwickelt die handwerklichen Fähigkeiten der Kunsthandwerker waren, über die ein Herrscher verfügen konnte, und welche Kenntnisse der Materialbearbeitung sie besaßen. Neue Technologien, alles, was zur Erschließung neuer Geldquellen führen konnte, war den Landesfürsten willkommen. Wenn er sich also jeden Abend mit einer anderen prachtvollen Garnitur schmückte, bestehend aus einem kunstvoll geschmiedeten Degen, der in einer prächtigen, mit Rubinen, Smaragden, brasilianischen Topasen, blauen Saphiren oder weißen Brillanten verzierten Scheide steckte, aus einem kunstvoll gearbeiteten Gürtel mit einer Schnalle, die mit den gleichen Steinen wie Schwertscheide und Schwertknauf besetzt war, und aus einer dazu passenden Halskette, an der aus ebensolchen Steinen gearbeitet das Andreaskreuz oder der Orden vom Goldenen Vlies hing, dann warb der Kurfürst und König damit eigentlich für die Kunstfertigkeit seiner Waffen- und Goldschmiede. Aufträge sollten diese Kunstwerke und Kuriositäten ihm bringen. Seine Werkstätten und Manufakturen sollten arbeiten, damit seine Kassen sich wieder füllten. Denn die Truhen waren oft leer: Kriege und auch Augusts Lust am Bauen kosteten viel Geld.

Der Bildhauer Balthasar Permoser aus dem Chiemgau in Bayern, von dem z.B. die wunderbaren beschwingten Steinskulpturen auf den Dächern von Alberts Prachtbauten und die Kanzel der Katholischen Hofkirche stammen, wußte diese Kunst auch im ganz Kleinen, in der Miniatur zum Ausdruck zu bringen: Er schuf gemeinsam mit Dinglinger die Diana im Bade, diese Göttin aus Elfenbein, die nackt am Rande ihrer Badewanne aus rosabläulichem Chalzedon ruht, und ist mit vielen Elfenbeinschnitzereien im Grünen Gewölbe in Dresden vertreten.

Es finden sich aber noch andere Kunstschätze in der Sammlung, die ein wenig Zeit und genaue Betrachtung lohnen. Genannt seien hier noch das Goldene Kaffeeservice von Dinglinger, die Elfenbeinstatuetten der Vier Jahreszeiten von Permoser und der Mohr mit Smaragdstufe von Dinglinger/Permoser.

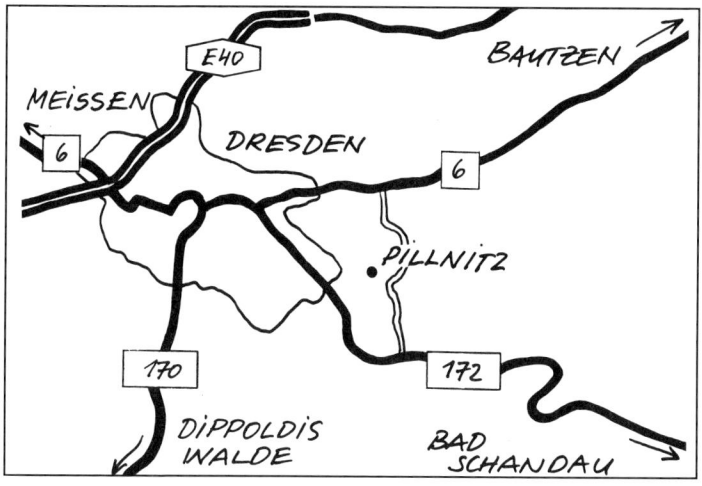

Frankfurt – das Heinrich-Hoffmann-Museum

Heinrich Hoffmann, geboren im Jahre 1809 in Frankfurt, ist ein scheinbar Unbekannter. Seine Schulzeit verbrachte er in Frankfurt; danach studierte er Medizin in Heidelberg und Halle, wo er zum Doktor promovierte. In Frankfurt arbeitete er als praktischer Arzt an einer Armenklinik und gründete später eine neue und moderne psychiatrische Klinik. 1894 starb Hoffmann hoch betagt in seiner Geburtsstadt. Sein Grab befindet sich im alten Teil des Frankfurter Hauptfriedhofs. Heinrich Hoffmann, berühmt also als Reform-Psychiater des 19. Jahrhunderts? Er ist

Titelblatt des „Struwwelpeter"

der Verfasser und Zeichner des Struwwelpeter – eines der populärsten Kinderbücher, übersetzt in über dreißig Sprachen mit einer Gesamtauflage von über 15 Millionen Exemplaren. In Frankfurt in der Schubertstraße wurde ihm 1977 eine lebendige Gedenkstätte eingerichtet, das Heinrich-Hoffmann-Museum.

In der Zeitschrift „Gartenlaube" erzählte er später, wie dieses Kinderbuch, das ursprünglich den Titel „Lustige Geschichten und drollige Bilder" trug, entstand: „Es war im Jahre 1844, das Weihnachtsfest nahte; ich hatte damals zwei Kinder, einen Sohn von dreieinhalb Jahren und ein Töchterchen von ein paar Tagen. Nun suchte ich für jenen ein Bilderbuch, wie es für einen solchen kleinen Weltbürger sich schicken mochte; aber alles, was ich zu sehen bekam, sagte mir wenig zu. Endlich kam ich heim und brachte ein Heft mit, welches ich meiner Frau überreichte: ’Hier habe ich, was wir brauchen.' Verwundert öffnete sie die Blätter und sagte: ’Das ist ein leeres Schreibheft!', worauf sie die Antwort erhielt: ’Jawohl, aber da will ich dem Jungen schon selbst ein Bilderbuch herstellen'."

Das Kinderbuch entstand nach erstaunlich modernen Überlegungen, denn Hoffmann ging davon aus, daß das Kind durch das Auge lernt und nicht durch abstrakte moralische Vorschriften, die in der bisherigen Kinderliteratur üblich waren. Er verband Bildgeschichte mit Moritat. Ihm kam es nicht auf realistische Darstellungen an – dazu reichte auch sein zeichnerisches Talent nicht. Vielmehr legte er Wert auf skurrile Verzeichnungen, die die Phantasie der Kinder anregen und brachte die verkehrte

Im „Struwwelpeter":
„Hans GuckindieLuft"

Welt ins Bild. Sein Buch sollte kein Kunstwerk sein, sondern ein kindgerechter Gebrauchsgegenstand; der Einband mußte aus starker Pappe sein, der Rücken aber so schwach, daß es Kinderhände nach Lust und Laune auseinandernehmen könnten. Ganz und gar anarchisch ist der Struwwelpeter, selbstbewußt steht er auf einem Podest, keine Mahnung bringt ihn zur Räson, und so wird er nicht zufällig zur Lieblingsfigur der Kinder. In der ersten Druckfassung von 1845 füllte er noch die letzte Seite. Das Buch, das mit 1500 Exemplaren aufgelegt wurde und innerhalb von vier Wochen vergriffen war, erhielt besonders durch den Struwwelpeter einen solchen Anklang, daß Hoffmann ihn schon in der dritten Ausgabe von 1847 auf den Titel setzen ließ.

Der Struwwelpeter wurde, so zeigt es das Museum, zum mannigfaltigen Vorbild für politische Satiren und Karikaturen: In der Revolution von 1848 ist er der demagogische Wühler, vom liberal-konservativen Hoffmann persönlich so gezeichnet; dem verschlafenen deutschen Michel ist er ein Graus; der Krautjunker Bismarck wird ebenso als Struwwelpeter verkleidet wie später Wilhelm II. in der englischen Antikriegspropaganda von 1914. In der Kunst bemächtigen sich die Jugendstilmaler des antiautoritären Helden, und auch in die Technik findet er in den zwanziger Jahren als Rundfunk-Struwwelpeter Eingang – statt wilder Haare und langer Fingernägel hat er hier überall Rundfunkantennen. In der Nazizeit begegnet uns der Struwwelpeter wiederum in der englischen Karikatur als „Struwwelhitler by Doktor Schrecklichkeit". Bis heute hat die Attraktivität des Struwwelpeter nicht nachgelassen. In einem Raum des Museums in Frankfurt sind auch die

„Der Suppenkaspar"

modernen Versionen dieses Bürgerschrecks versammelt als Beatle-, Punk- und Öko-Peter.

Heinrich Hoffmann schuf seine Figuren nicht nur aus der freien Phantasie, es gab – das läßt sich im Museum nachvollziehen – eine Reihe von Vorbildern. Anfang der vierziger Jahre des letzten Jahrhunderts zeigte eine Haarwuchsreklame, was passieren kann, wenn sich ein Kind unvorsichtig der Haarwuchspomade bedient.

1829 kamen Schwefelhölzer auf den Markt. In abschreckenden Illustrationen wurde davor gewarnt, Kinder mit diesen gefährlichen Hölzchen in Berührung kommen zu lassen. Die traurige Geschichte vom brennenden Paulinchen hat sogar einen realen Hintergrund. Sie lebte wirklich und ist auf dem Frankfurter Hauptfriedhof begraben – allerdings starb sie nicht an Verbrennungen sondern an Lungenschwindsucht. Andere Gestalten, die zunächst wie Ausgeburten der Phantasie wirken, sind wohl der ärztlichen Anschauungspraxis des Psychiaters Dr. Hoffmann entsprungen. So der an Magersucht leidende Suppenkaspar oder der von seelischer Nervosität geplagte Zappelphilipp. Anregend ist das Heinrich-Hoffmann-Museum nicht nur, weil es die Geschichte und die Hintergründe eines der berühmtesten Kinderbücher beleuchtet; einmalig ist vor allem auch die Idee, daß dies Museum im Geiste Hoffmanns weitergeführt wird. Das Museum ist Teil eines Sozialwerks für psychisch erkrankte und behinderte Menschen, die auch hier im Haus arbeiten und denen die Einnahmen des Museums zugute kommen.

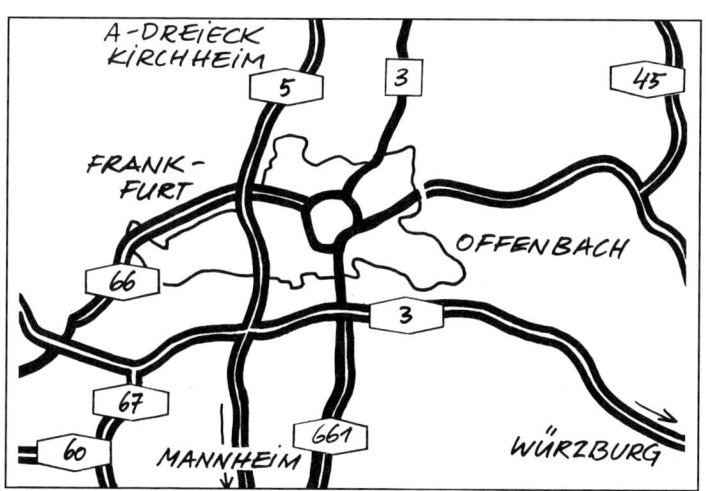

Hagen – westfälisches Freilichtmuseum

Unter freiem Himmel ein Museum zu errichten und ein Naturpanorama zur Kulisse einer Ausstellung zu machen – dieser Gedanke ist nicht neu. In der Kunstszene der vergangenen dreißig Jahre hat er durch umweltkritische Happenings und provozierende Freiluft-Installationen starken Auftrieb erhalten.

Ein avantgardistisches Projekt anderer Art ist das Westfälische Freilichtmuseum Hagen. Es wurde schon in den 30er Jahren geplant, 1963 in Angriff genommen und ist seit 1973 der Öffentlichkeit zugänglich. Auf einem Gelände, das etwa 42 Hektar umfaßt, erschließen sich dem Besucher hier die Anfänge des Industriezeitalters; Handwerks- und Manufakturbetriebe des späten 18. und des 19. Jahrhunderts werden in einer Weise präsentiert, die das Lernen durch eine ideale Verbindung von Information und Unterhaltung zum Vergnügen macht. In einem herrlichen waldreichen Tal des Sauerlands, dem Mäckingerbachtal, südlich von Hagen, sind etwa 60 Werkstätten und Fabriken originalgetreu wiederaufgebaut worden, die das Arbeitsleben unserer Vorfahren anschaulich wiederspiegeln. Man ist angerührt von der vertraut-heimeligen Atmosphäre der Werkstätten und Kleinfabriken, die wie Wohnhäuser aussehen – welch ein Unterschied zu den halb- oder vollautomatisierten Bandstraßen und Werkhallen

Blick ins Innere des Freilichtmuseums

Maschine im Freilichtmuseum

der heutigen Großindustrie. Doch so romantisch dies alles aussieht – die Organisatoren und Gestalter des Hagener Freilichtmuseums erliegen nicht der Versuchung, ein Disneyland der frühindustriellen Produktion vor Augen zu führen.

Sie rekonstruieren die äußeren Bedingungen, unter denen oft äußerst harte und ungesunde Arbeit in den verschiedensten Gewerben stattfand, auch in Handwerken, die heute fast oder ganz verschwunden sind.

Gemäß den besonderen regionalen Ausprägungen des wasser und erzreichen Sauerlandes und Bergischen Landes liegt einleuchtender Weise ein starker Akzent auf der Metallurgie. Hier werden zwei Gruppen unterschieden: Die Verarbeitung von Nichteisenmetallen wie Gold, Kupfer, Messing, aber auch Eisen und Stahl. Einen eigenen Schwerpunkt bildet das Deutsche Schmiedemuseum mit einem umfassenden Überblick über alle Methoden der Eisenverarbeitung; nach längerer Umbaupause soll es im Sommer 1991 wieder eröffnet werden. Ähnlich aufgebaut sind die weiteren Werkstatt-Komplexe, die von Druck und Papier über Holzverarbeitung, Keramik und Glas, Leder- und Fellproduktion bis zur Nahrungsmittelindustrie reichen.

Die liebevolle Nachbildung der Fabrikgebäude, die aus Originalstücken und Kopien sorgfältig zusammengetragenen Innen-

Das Freilichtmuseum

ausstattungen der Werkstätten ergeben an sich schon ein faszinierendes Gesamtbild, einen Maschinen-Park im buchstäblichen Sinne. Einzigartig am Hagener Freilichtmuseum ist aber, daß gut in einem Drittel der 60 Häuser wirklich gearbeitet wird. Die Werkstätten sind in Betrieb, die Handwerker und Arbeiter ständig in Aktion, um die Anwendung der Werkzeuge und Maschinen zu demonstrieren. Ein Beispiel: die Sensen- und Sichelschmiede aus dem westfälischen Haspe, in der noch bis in die 60er Jahre gearbeitet wurde. Der gelernte Schmied, der dort tätig ist, demonstriert den gesamten Arbeitsvorgang vom Anglühen des Eisenstücks in der Esse bis zum Ausschmieden einer Sichel unter einem gewaltigen, mit Wasserkraft betriebenen Hammer, dessen Schläge in einem Takt von 80 Schlägen pro Minute auf das Eisenstück niedersausen. Der Sitz des Schmiedes ist ein beweglich an der Decke aufgehängter Holzstuhl, der es ihm erlaubt, blitzschnell das glühende Eisen zu drehen und zu wenden, bis es die gewünschte Sichelform erhält.

Ein anderes Beispiel: die Papierproduktion. Seit dem Ausgang des 15. Jahrhunderts, seit Gutenbergs Erfindung des Buchdrucks mit beweglichen Lettern, nahm die Papierherstellung einen gewaltigen Aufschwung. Holz als Basis der Papierproduktion ist erst eine Errungenschaft des späten 19. Jahrhunderts. Vorher benutzte man Lumpen und die Lumpensammlerei war ein durch Privilegien geschützter Beruf. Wie handgeschöpftes Büttenpapier entsteht, kann in dieser Abteilung des Museums live studiert werden. Der Aufwand an Körperkraft, der zum mechanischen Pressen des Papiers nötig ist, ist bloß ein Indiz für die Härte dieses Gewerbes. Frauen- und Kinderarbeit beim Sortieren der Lumpen, ansteckende Krankheiten, die dabei entstanden, bestialischer Gestank im Umkreis der Papiermühlen – daß es kein Vergnügen war, in solchen Werkstätten zu arbeiten, wird hier in drastischer Weise anschaulich.

Ein ebenso altes Handwerk wird in einem Betrieb vorgestellt, der schon durch seine Architektur auffällt: die Seilerei. Bevor er seinen anrüchigen, auf St. Pauli bezogenen Beigeschmack erhielt, bezeichnete auch der norddeutsche Begriff „Reeperbahn" nichts anderes als den Ort, wo Seile und Taue hergestellt wurden. Das schmale Gebäude erstreckt sich über eine Länge von hundert Metern, wird allerdings nicht mehr in seiner vollen Ausdehnung genutzt. Der vorführende Handwerksmeister beschränkt sich auf die Herstellung von mechanisch gewickelten Springseilen für Kinder. Aber nicht nur Kinder, auch Erwachsene sind fasziniert von dem Vorgang, bei dem sich in fünf Minuten eine lockere Handvoll Hanf in ein unzerreißbar hartes Seil verwandelt.

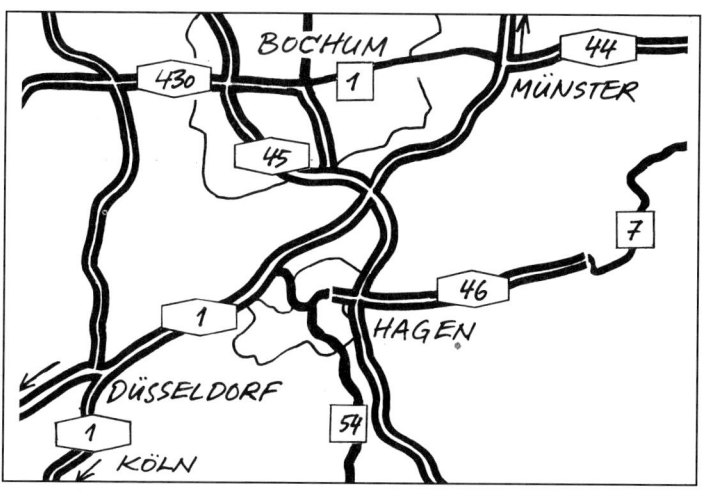

Hamburg – die Speicherstadt

In fast allen Städten gab es sie, die Kornhäuser, Salzstadel und Zeughäuser. Zeughaus ist das alte Wort für Arsenal, das heißt Lager für Waffen und Kriegsmaterial. Korn, Salz, Tee, Kaffee, Gewürze, Wolle, Tuche, Seiden, Hölzer, Metalle, Maschinen, Öl, Ersatzteile, Rohstoffe, einfach alles wurde in Speichern wie denen der Speicherstadt in Hamburg zwischengelagert, bis die Waren weiterverschifft wurden oder, heutzutage, auf Lastwagen und Eisenbahnwaggons umgeladen und weiterbefördert werden.

Hamburg war schon sehr früh ein Umschlagplatz für den Fernhandel. Schiffe aus den östlichen Meeren und Wasserstraßen brachten Handelsgüter nach Lübeck. Von Lübeck führte eine Handelsstraße nach Hamburg, und von dort ging die Fracht weiter nach Schweden und Norwegen, nach England und später dann nach Nord- und Lateinamerika. Hamburgs geographische und politische Lage verlangte von Senat und Bürgern immer besondere diplomatische Fähigkeiten: Bis ins neunzehnte Jahrhundert hinein im Norden ständig von dänischen Überfällen bedroht, war es gleichzeitig in der Lehensabhängigkeit der deutschen Kaiser. Durch geschickte Politik konnte sich Hamburg aber bis 1881, von den Wirren der napoleonischen Eingriffe zu Beginn

Blick auf die Speicherstadt

Die Speicherhäuser

des neunzehnten Jahrhunderts abgesehen, frei entfalten. Die Stadt Hamburg war Zollgrenze. Zollgrenzen gab es in Deutschland vor Bismarck so viele, wie es Landesfürsten gab, die aus Zöllen Einkünfte bezogen. Jede freie Reichsstadt konnte an ihren Toren Geld verlangen. Jeder Schlagbaum von einem Hoheitsgebiet zum anderen berechtigte ebenfalls dazu. Seit dem Ende des achtzehnten Jahrhunderts waren vor allem preußische Minister daran interessiert, Einigung zwischen den deutschen Fürsten dahingehend zu erzielen, daß die vielen innerdeutschen Grenzen fallen konnten, um dem Handel bessere Chancen zu geben. Außer dem Handel war auch der Personenreiseverkehr von der Vielzahl dieser Grenzen betroffen. In Hamburg zum Beispiel mußte man am Millerntor, der Stadtgrenze von Hamburg auf dem Weg nach St. Pauli, damals einem Vorort außerhalb der Stadtgrenze, je nach Tages- oder Nachtzeit einen erheblichen Obolus entrichten, wenn man die Stadt verlassen oder sie betreten wollte. Und jedes Paar Stiefel, jedes Pfund Brot, das herein- oder hinausgetragen wurde, unterlag der Verzollung.

Das hatte ein Ende, als Hamburg sich im Jahr 1881 dem deutschen Zollverein, der schon 1833 gegründet worden war, endgültig anschloß. Alle Grenzen entfielen damit, und Hamburg war fortan nicht mehr Zoll-Ausland. Als letztes Privileg der Zollfreiheit wurde der Freihandelshafen gegründet und ausgebaut.

Kranerker am Speicherhaus

Zwischen Zolltor und Brooktorhafen auf der Insel Brook wurden mehr als 500 Wohnhäuser abgerissen, und auf Tausenden von Eichenpfählen wurde dann die sogenannte Speicherstadt aufgebaut. Noch heute zählt sie mit 300.000 Quadratmetern Lagerfläche zu den größten Lagern der Welt. Doch mit dem Aufbau dieser Stadt zerfiel auch die seit Jahrhunderten übliche Einheit von Handels-, Wohn- und Speicherhaus.

Die Bewohner der Insel Brook verteilten sich auf das Umland. Sie waren erst gut zweihundert Jahre vorher als Religionsflüchtlinge aus Frankreich und den spanischen Niederlanden ins Land gekommen und hatten sich hier angesiedelt. Sie brachten neue Handwerke und Techniken mit in die Stadt und trugen viel zum Aufblühen der Hamburger Hanse bei. Ein neues Handwerk war zum Beispiel die Zuckerbäckerei. Sie konnte erst entstehen, als nach der Entdeckung Amerikas Zuckerrohr in großen Mengen nach Europa eingeführt wurde. Bis dahin kannte man nur Honig als Mittel zum Süßen von Speisen.

Als nun im neunzehnten Jahrhundert auf der Insel Brook Platz geschaffen werden mußte, um den Zoll-Anschlußbauten Platz zu machen, hatte auch diese Neuerung Folgen. Zum Beispiel wurde die Eisenbahn bis an den Freihafen herangeführt. Spezielle Lagerhäuser mußten für die sehr unterschiedlichen Waren gebaut werden. Besondere Hebevorrichtungen mußten entwickelt werden, um die Waren von den Schiffen, die in eigens angelegten Kanälen bis an die Lagerhäuser herankamen, direkt in die Speicher entladen zu können. Neue Industrien entstanden, z.B. Kaffeeröstereien, Fischverarbeitungsbetriebe, Werften und Brauereien. Die Werften bauten damals die größten Kriegsschiffe mit Namen wie „Vaterland" oder „Bismarck". Die Hamburg-Amerika-Paket-Transportgesellschaft, HAPAG, entstand und mit ihr ein regelmäßiger Handels- und Passagierverkehr zwischen Hamburg, Nord- und Südamerika und auch den ostasiatischen Ländern. Bier wurde eines der Hauptexportgüter Hamburgs. Die Brauhäuser standen an den Kanälen, den Fleeten. Noch heute vermittelt das Nicolaifleet mit seinen restaurierten Althamburger Häusern und Speichern einen guten Eindruck von dieser Zeit.

Der Freihandelshafen, die Speicherstadt wird immer noch genutzt, aber lange nicht mehr in dem Maße wie zu Beginn des zwanzigsten Jahrhunderts und noch nach den beiden Weltkriegen. Der viel schnellere Luftfracht-, Lastwagen- und Schienenverkehr ist eine mächtige Konkurrenz für die Schiffe.

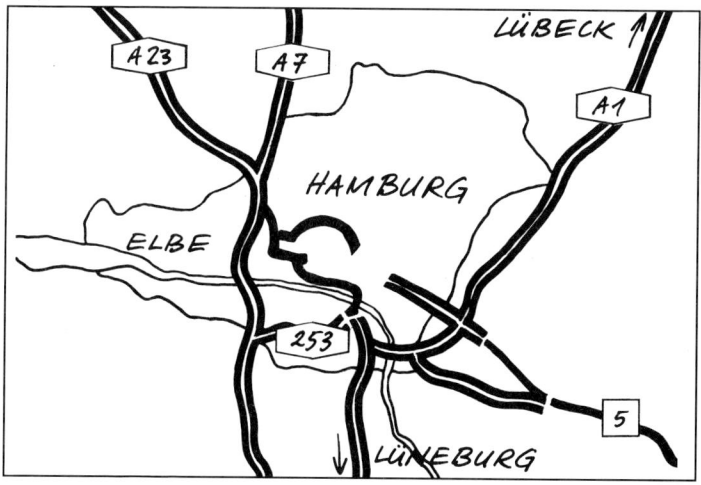

Hameln – die Sage um den Rattenfänger

Hameln im Weserbergland verdankt seine Berühmtheit einer alten Sage. Im Jahre 1284 soll hier ein Rattenfänger die Stadt von der Mäuse- und Rattenplage befreit haben. Die Stadt verweigerte ihm den vereinbarten Lohn, und so rächte sich der Mann, indem er 130 Kinder durch sein Flötenspiel aus der Stadt lockte. Die Kinder verschwanden auf Nimmerwiedersehen.

Die Brüder Grimm haben dieses Geschehen in ein Märchen gekleidet. Viel nüchterner als die reine Tatsachenübermittlung sind die Inschriften, die sich an zwei Hamelner Häusern befinden: am Hochzeitshaus, dem mächtigen Festsaalbau für „hohe Zeiten", das zu Beginn des 17. Jahrhunderts errichtet wurde, und am Rattenfängerhaus.

Auf den ersten Blick fällt dieses mächtige Bürgerhaus, erbaut in den Jahren 1602 bis 1603, durch seine reiche Schmuckfassade im Spätstil der Weserrenaissance auf. Dieses berühmteste aller alten Hamelner Steinhäuser mit den prächtigen Giebelverzierungen trägt den Namen Rattenfängerhaus, weil an der Seitenfront eine alte Inschrift besagt: „Anno 1284 am Dage Johanni et Pauli, war der 26. Juni, CXXX Kinder verledet, binnen Hameln gebon dorch einen Piper, mit allerlei Farve bekleidet gewesen to Calvarie bi den Koppen verloren."

Hameln im Weserbergland

Das Hochzeitshaus in Hameln

Die Gasse trägt den Namen „Bungelose", das heißt „Trommellose". In diesem Sträßchen muß nach altem Brauch bei Festumzügen die Musik schweigen, es darf nicht getanzt werden. Schon im 16. Jahrhundert wurde der Trauerritus mit dem Auszug der Kinder in Verbindung gebracht; das Musikverbot gilt bis heute.

In den schönsten und elegantesten Renaissancebauten von Hameln, dem Patrizierhaus der Familie Leist und dem benachbarten Stiftsherrenhaus in der Osterstraße, ist das Museum der Stadt untergebracht. Hier finden sich neben bildlichem Material zahlreiche Dokumente und Quellen, die den Hintergrund des Auszugs der Kinder beleuchten. Der älteste Bericht stammt aus einer Lüneburger Handschrift um 1430. Die Sächsische Chronik von Johann Pomarius aus dem Jahre 1588 über den „Verlust der Kinder zu Hammelio" belegt: „Von dem Tage schliessen die von Hammeln alle ihre briefe also: Datum nach Christi geburt und unser Kinder außgang." In Hameln setzte eine neue Zeitrechnung ein. Das erste Druckwerk, das den Hamelner Kinderauszug festhielt, trägt den Titel „Wunderzeichen. Wahrhafftige beschrey-

Kunstuhr: Der Rattenfänger mit den Kindern

bung und gründlich verzeichnuß schröcklicher Wunderzeichen und Geschichten". Es stammt aus dem Jahre 1556 von Jobus Fincelius. Er macht den Teufel verantwortlich für die Verführung der Kinder, wie dies viele Quellen des 16. und 17. Jahrhunderts tun. Der Teufel habe Rache geübt, weil er versprochenen Lohn nicht erhalten habe. Erst langsam setzt sich die Vorstellung durch, ein Fremder, ein Landfahrer, habe die Stadt von einer Rattenplage befreit, sei um sein Entgelt geprellt worden und habe deshalb die Kinder entführt.

Aber bis heute ist der Ort umstritten, an den die Kinder geführt wurden, wie es ebenso wissenschaftlich nicht nachgewiesen werden konnte, woher der geheimnisvolle Rattenfänger kam. Unbestritten ist, daß tatsächlich ein Auszug von Hamelner Kindern oder Bürgern stattgefunden haben muß. Dies belegt auch die Gedenkinschrift eines Steins vom Neuen Tor in Hameln, der im Museum aufbewahrt ist: „1556, nachdem vor 272 Jahren der Magier 130 Kinder aus der Stadt geführt hat, ist das Tor gegründet worden."

Bis zum Jahre 1900 erschienen rund siebzig Chroniken und historische Beschreibungen über den Rattenfänger zu Hameln. Die Sage ging in Übersetzungen durch die ganze Welt. Und dennoch sind die Deutungen über den historischen Hintergrund der „Ausführung der Hämelschen Kinder" nicht gesichert: Verworfen wurde die These, der schwarze Tod, die Pest, habe die Kinder dahingerafft. Ebenso wenig Anklang fand die Theorie, die Kinder seien durch einen Erdrutsch verschüttet worden. Die Meinung des Philosophen Leibniz, daß die Kinder auf einen Kinderkreuzzug verschleppt worden seien, wurde historisch widerlegt, da der letzte Kinderkreuzzug schon 1212 in einer Katastrophe endete.

Gehalten haben sich drei Theorien: Im 13. Jahrhundert, als die Zeiten religiöser Ekstase noch virulent waren, könnte eine Art hysterischer Massenwahn, ein Veitstanz, die Kinder aus der Stadt geführt haben. Für Erlangen ist ein solches Ereignis aus dem Jahre 1237 nachgewiesen. Die zweite Theorie, eine Version, die Wilhelm Raabe seiner Novelle „Die Hämelschen Kinder" zugrunde legte, verbindet den Auszug mit der Schlacht von Sedemünder 1260, als die Hamelner verlustreich dem Bischof von Minden unterlagen. Dem steht jedoch entgegen, daß dieser Kampf fast fünfundzwanzig Jahre früher stattgefunden hat. Eine letzte Interpretation bringt den Auszug der Kinder mit der Kolonisierung der Ostgebiete in Verbindung, für die Siedler im alten Reichsgebiet geworben wurden. Der Begriff „Kinder" bedeute Stadtkinder, also junge Söhne und Töchter der Stadt, nicht Minderjährige. Allen Deutungsversuche zum Trotz bleibt der historische Kern der Sage verborgen.

Der Rattenfänger hat durch die Sage von Hameln seine Unschuld verloren. Wird er bei Johann Wolfgang von Goethe noch harmlos als galanter Mädchenfänger besungen, gilt er fortan als der gefährliche politische Volksverführer. Die Hamelner haben ihm die Treue bewahrt. Vor dem neuen Rathaus steht zu seinem Gedenken ein moderner Skulpturenbrunnen. Am Hochzeitshaus in der Osterstraße wird täglich (13.05, 15.35, 17.35) das Rattenfängerfiguren- und Glockenspiel vorgeführt.

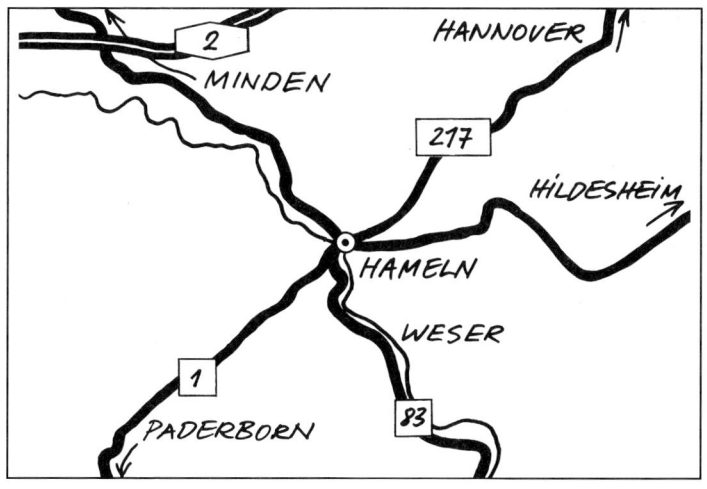

Hannoversch-Münden – Dr. Eisenbart

„Wo Werra sich und Fulda küssen, Sie ihren Namen lassen müssen", so reimt der Volksmund, und fortan fließt die Weser durch deutsche Lande. Ort dieser naturmystischen Begegnung unter einer breit ausladenden Kastanie ist Hannoversch-Münden. Am 11. November 1727 starb hier ein Mann, der seine Zeitgenossen zu leidenschaftlichen Kontroversen veranlaßte. Es war der Arzt Johann Andreas Eisenbart, Sohn des Augenoperateurs und Bruchschneiders Mathias Eisenbart. Ein Grabstein an der Nordseite der Kirche St. Ägidien gibt Kunde, daß hier nicht ein hergelaufener Quacksalber, sondern ein bedeutender Mann zu Grabe getragen wurde.

Zusammenfluß von Werra und Fulda

Schon sein Sterbetag – der 11. 11., also Beginn des Karnevals, deutet an, daß Eisenbart es nicht ganz leicht damit hatte, ernst genommen zu werden und Anerkennung zu finden. Als Quacksalber verschrien starb der Steinschneider, Marktarzt, Gaukler und Landfahrer Eisenbart zünftig im Gasthof „Zum wilden Mann". Eine zweihundert Jahre nach seinem Tode angebrachte Plastik an diesem Haus zeigt ihn standesgemäß mit Klistier, angetan mit einem scharlachroten Rock und Allongeperücke. Der darunter angebrachte Spruch – „er war anders als sein Ruf" – verrät, diesem Mann widerfuhr manche Ungerechtigkeit, obwohl er sich so honorig als Arzt präsentiert. Eisenbart war kein Niemand in seiner Zeit; davon zeugt der mächtige Grabstein, davon zeugen auch zeitgenössische Porträts. Eisenbart kam im Jahre 1663 in der Oberpfalz zur Welt. Nach zehnjähriger Ausbildung zum Wundarzt legte er seine Gesellenprüfung ab und machte sich 1685 selbständig. Im Gegensatz zu den akademisch geprüften Doktoren zog er als Wanderarzt durch die Lande und bot seine Dienste auf Jahrmärkten feil. Ein Wandgemälde aus dem Jahr 1927 im Rathaus von Hannoversch-Münden gibt eine typische Marktszene wieder. Wanderärzte traten auf wie Zirkusartisten; sie heilten nicht nur, sondern dienten auch der Unterhaltung und Belustigung des Publikums. Zeitgenössische Berichte erzählen, daß Eisenbart in seinen erfolgreichsten Zeiten eine Theatertruppe von bis zu einhundertzwanzig Personen in seinem Troß hatte.

Darunter waren stets ein Harlekin, Gaukler, Feuerschlucker, Zwerge, Zauberer, Seiltänzer und kleine Musikorchester.

Solche Spektakel entrüsteten oft die hohen geistlichen und weltlichen Herren der Stadt. In Jena zum Beispiel machten die Professoren eine Eingabe für die Ausweisung von Eisenbart beim Weimarer Herzog, weil sie um das seelische Heil ihrer Studenten fürchteten. In Hannoversch-Münden gedenkt man heute mit liebevollem Eifer des barocken Wundarztes: eine Apotheke ist nach ihm benannt, zahlreiche Gaststätten laden mit seinem Konterfei ein, sein Grabstein ist immer mit Blumen geschmückt. Zu seinen Lebzeiten jedoch war manches Stadt-

Grab des Dr. Eisenbart

Eisenbart-Spiel vor dem Rathaus

tor mit den Plakaten besorgter Ratsherren beklebt, um die Untertanen davor zu warnen, sich in die Hände des Taschenspielers und Marktschreiers Eisenbart zu begeben. Eisenbart war wohl bekannt, daß viele in seinem Metier unseriöse Praktiken und grobianische Behandlungsmethoden anwendeten. Er setzte sich von solchen Quacksalbern ab. Ein Beweis, daß seine Heilkunst geschätzt wurde, ist, daß er mehrfach in einer Stadt einkehren konnte, ohne davongejagt zu werden; in Preußen mußte er täglich drei Groschen als Steuer entrichten, auch wenn er nicht praktizierte. Insgesamt besaß er das Privileg bei zehn Landesfürsten, in ihrem Gebiet kurieren zu dürfen. Heilkunst und Schaubudenmentalität waren für Eisenbart kein Widerspruch, auch wenn die Nachwelt zu ihrem eigenen Amusement gern nur die eine Seite, das marktschreierische Element, betonte. das berühmt-berüchtigte Dr. Eisenbart-Lied, das erstmals 1815 im Druck erschien und Eisenbart als brutalen Medikus besingt, oder die derbe Darstellunge seiner medizinischen Methoden in den Neuruppiner und Münchner Bilderbogen.

Der Wanderarzt war eine pralle barocke Natur. Nichts hatte er gemein mit dem grüblerischen Renaissance-Menschen eines Dr. Faust. Er wollte aus vollen Zügen genießen, verachtete nicht die Freuden des Lebens und war sich nicht zu schade, seine Künste auch lauthals anzupreisen. Dies erregte den Zorn des Aufklärers Johann Christoph Gottsched. Ihm gelang es, den Hanswurst vom Theater zu verbannen – statt Possen und Narreteien war erbauliche Moral gefordert. 1716 erließ der preußische König ein Verbot, künftig sollten „Marcktschreyer, Comödianten, Gaukler, Seiltänzer, Marionetten- oder Puppenspieler und dergleichen loses Gesindel mehr" von den Märkten ausgeschlossen sein. Damit war auch eine wichtige Attraktion von Eisenbart gestorben: eine Zahnextraktion auf dem Marktplatz, eingebettet in die frivolen Späße eines Harlekins oder die Künste eines Feuerschluckers, gehörte nun der Vergangenheit an.

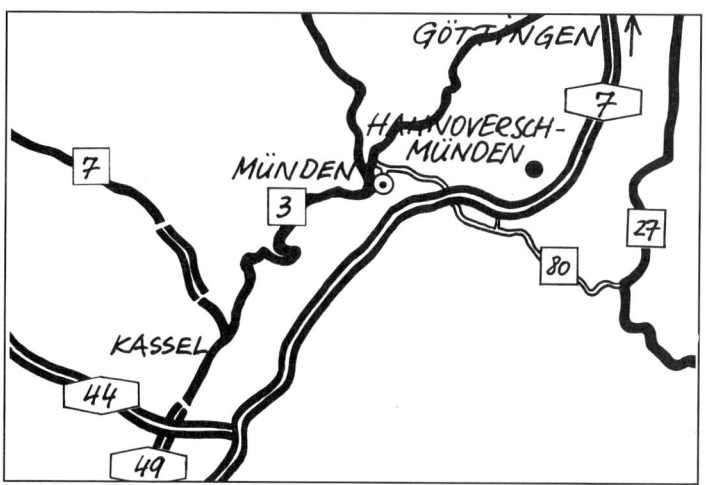

Harz – die Hexenwelt des Bode-Tals

Im Thüringischen, nicht weit von der Provinzstadt Thale entfernt, ragt eine der urtümlichsten Landschaften des Harzgebirges empor. Bizarre Felsformationen, eine Wildnis von schwarzen Fichten- und grünen Eichenwäldern, schwindelerregende Abgründe prägen das Tal der Bode, die diesen Teil ihres Laufs als reißender Wildbach durchfließt. Hier haben sich viele Sagen und Legenden herausgebildet, die den Schreckensbildern der Natur einen menschlichen Sinn abzugewinnen versuchen. Das markanteste Beispiel ist die Roßtrappe, eine Felskanzel, deren Name eng mit den Mythen des Bode-Tals verknüpft ist.

Die schöne Königstochter Brunhilde, so sagt die Legende, habe sich den Annäherungen eines Riesen namens Bodo widersetzt, bis sie eines Tages an dieser Stelle von ihm in die Enge getrieben worden sei. Gehetzt und gejagt habe die Königstochter den Todessprung über den Abgrund gewagt und geschafft. Nur ihre goldene Krone sei ihr verloren gegangen und in die Schlucht gefallen. Der böse Riese aber stürzte ab und hütet seither, in einen Höllenhund verwandelt, die goldene Krone am Grunde des Flusses, dem er seinen Namen gab: Bodo gleich Bode. Ehrfürchtig betrachten heutige Touristen die merkwürdige, einem

Tal der Bode von der Roßtrappe aus gesehen

Blick von der Roßtrappe

Hufeisen ähnelnde Einkerbung im Steinboden der Roßtrappe, die Brunhildes Pferd hinterlassen haben soll.

Die Vorstellung, auf uralt-heiligem Boden zu wandeln, die erst in christlicher Zeit verfemt wurde, findet sonst, auch im übrigen Harz, keine gesicherten Anhaltspunkte. In germanischer Zeit wie im Mittelalter traute man sich höchst ungern in die Berge. Und erwiesen ist, daß der Hexenwahn, die Projektion männlicher Herrschaftsansprüche auf weibliche Dämonen, ein Phänomen der frühen Neuzeit ist. Erst im hochgepriesenen Zeitalter des Humanismus und der Renaissance, mit Beginn des 16. Jahrhunderts, setzt die Massenhysterie der Hexenjagden und Hexenverbrennungen ein.

Auf dem Felsplateau, das der Roßtrappe gegenüberliegt, gehen Mythos, Mummenschanz und Marketing eine moderne unheilige Allianz ein. „Hexentanzplatz" heißt der Ort – warum, mag der im Harz so oft beschworene Teufel wissen. Der mit der Seilbahn beförderte Besucher und der zu Fuß oder mit dem Auto Angereiste, durch viele Schilder und Wegweiser hierhergeleitet, fragt verdutzt nach diesem Zauberort und befindet sich doch schon mitten darauf: auf einem Parkplatz von beträchtlichem Ausmaß, flankiert von Restaurants und Souvenirläden. Die Kehrseite des Geraunes von uralt-heiligen Schauplätzen wird hier sichtbar: ein Amüsierbetrieb, der ständig modernisiert und kommerziell perfektioniert wird.

Felsplateau der Roßtrappe

Man braucht sich jedoch nur wenige Schritte vom Touristenrummel zu entfernen, um zu sehen, woher die Sagenphantasien stammen. Seltsam verkrüppelte Bäume, Fratzengebilde aus Steinen und Sträuchern blicken den Besucher auch hier an. Eine riesige, aus sieben Felstürmen bestehende Gesteinsformation, im Volksmund die „sieben Brüder" genannt, ist besonders eindrucksvoll. Die dazugehörige Legende handelt wieder von einer schönen Jungfrau, die von sieben Brüdern stürmisch umworben worden sei; der Himmel hatte ein Einsehen und verwandelte ihre Verfolger in Steine.

Nicht weit von Roßtrappe und Hexentanzplatz entfernt liegt der Brocken, die höchste Erhebung des Harzes, oft als „Blocksberg" und eigentlicher Schauplatz der Walpurgisnacht beschrieben. Hier kann genauer verfolgt werden, auf welch kurzen Beinen die angeblich uralte Tradition der Hexenphantasien daherkommt. Die älteste Spur ist das 1669 erschienene Buch eines Leipziger Theologen, Johannes Prätorius, der für die Hexen-

Inquisition eintrat und den Brocken mit dem Blocksberg gleichsetzte. Der Untertitel dieser dubiosen Schrift lautete: „Blockes Berges Verrichtung oder ausführlicher geographischer Bericht von dem hohen trefflich alten Blockes-Berge; ingleichen von der Hexenfahrt und Zauber-Sabbathe, so auf solchen Berge die Unholden aus ganz Teutschland jährlich den 1. Mai in St. Walpurgis Nachte anstellen sollen".

Höhere literarische Weihen erhielt der Brocken als Blocksberg erst durch Goethes Darstellung der Walpurgisnacht im ersten Teil der Faust-Dichtung. Anders als der Leipziger Gelehrte Prätorius, der nie am Ort seines 'geographischen Berichts' war, hat Goethe zwischen 1777 und 1784 den Brocken dreimal erstiegen. Goethe war es auch, der den Harz- und Brockentourismus, den massenhaften Aufbruch in die Bergeinsamkeit, unfreiwillig salonfähig machte.

Das heute noch in Form einer stattlichen Herberge existierende Wolkenhäuschen, dann die 1899 errichtete Brockeneisenbahn förderten den Fremdenverkehr. Um 1900 besuchten an die 200.000 Menschen jährlich den Gipfel des majestätischen Berges. Und schon 1905 wurde hier am Vorabend des 1. Mai in einer Massenveranstaltung die erste freuchtfröhliche Walpurgisfeier auf dem Brocken begangen. Früher als in Alpen drohte hier ein einzigartiges Naturgebiet zertrampelt zu werden.

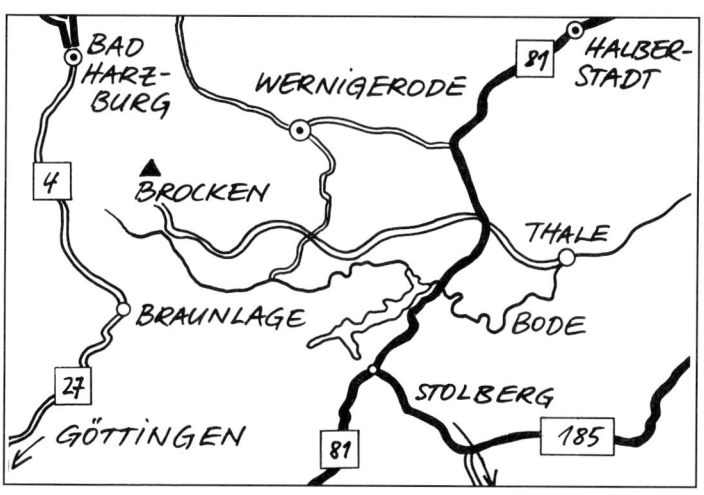

Hildesheim – der Dom

Die Legende vom „Tausendjährigen Rosenstrauch" ist so anmutig, daß sie den Strauch in aller Welt bekannter gemacht hat als das Werk selbst, das er begründen half: den Dom zu Hildesheim. Im Märchen heißt es bei den Brüdern Grimm: „Als Ludwig der Fromme winters in der Gegend von Hildesheim jagte, verlor er sein Kreuz, das ihm vor allem lieb war. Er sandte seine Diener aus, um es zu suchen, und gelobte, an dem Ort, wo sie es finden würden, eine Kapelle zu bauen. Die Diener verfolgten die Spur der gestrigen Jagd auf dem Schnee und sahen bald aus der Ferne mitten im Wald einen grünen Rasen und darauf einen grünenden wilden Rosenstrauch. Als sie ihm näher kamen, hing das verlorene Kreuz daran."

Historisch belegt ist, daß Ludwig der Fromme um 815 das Bistum Hildesheim ins Leben rief. Die erste schriftliche Kunde von dem „Tausendjährigen Rosenstrauch" ist erst aus der zweiten Hälfte des 17. Jahrhunderts belegt. Der jetzige Anblick des Rosenstrauchs ist eher ernüchternd; in der Phantasie ist ein prächtiges Gebilde gewachsen, dem die Wirklichkeit nicht standhält. Dennoch hat der Rosenstrauch auch im 20. Jahrhundert seine Zauberkraft nicht eingebüßt. Am 22. März 1945 flogen die Alliierten einen verheerenden Bombeneinsatz, Hildesheim wurde in Trümmer gelegt, der Dom zu achtzig Prozent zerstört. Der Rosenstock überlebte.

Der Hildesheimer Dom

Bronzetür im Dom: „Die Anbetung der Könige"

1950 wurde der Grundstein zum Wiederaufbau des Domes gelegt, 1960 konnte er eingeweiht werden. Rekonstruiert wurde in Hildesheim der alte ursprüngliche Dom, eine dreischiffige Basilika aus dem 11. Jahrhundert mit einem wuchtigen Westwerk. Man entfernte die Barockisierung des Innenraumes, die 1720 eingebaut worden war; auch das alte Westhaus erhielt seine ursprüngliche romanische Form zurück. Die Gesamtanlage des Hildesheimer Doms symbolisiert die civitas dei, den Staat bzw. die Stadt Gottes. Aufgenommen wird dieses Motiv im Chorraum durch einen prächtigen Radleuchter. Bischof Hezilo ließ diese romanische Lichtkrone in den Jahren 1055-1065 anfertigen. Sie ist aus Kupferblech getrieben, teilweise vergoldet und hat einen Durchmesser von 6 Metern. Versinnbildlicht ist mit den zwölf hohen Türmen und den zwölf Häusern, die jeweils den Namen eines Apostels tragen, das „himmlische Jerusalem". Die Zinnen des Mauerkranzes krönen 72 Lichter. Der fein ziselierte und reich ornamentierte Hezilo-Radleuchter ist der älteste und größte der vier in Deutschland erhaltenen romanischen Lichterkronen.

Älter noch als der Radleuchter ist die Christussäule im südlichen Teil des Querschiffes. Die Säule, ein Bronzehohlguß mit

„Christus vor Pontius Pilatus". Bronzetür im Dom

einer Höhe von 3,79 Metern und einem Durchmesser von 58 Zentimetern, ist als technische Meisterleistung aus einem Stück gegossen und wurde um 1020 von Bischof Bernward in Auftrag gegeben. Ein Reliefband in acht Windungen erzählt von unten nach oben ansteigend Szenen aus dem Leben Jesu, beginnend mit der Taufe Christi durch Johannes den Täufer, endend mit Christi Einzug in Jerusalem. Figurenreich und stark in der Gestik drängt sich das Geschehen wie eine Fortsetzungsgeschichte auf dem 45 Zentimeter hohen Reliefband. Der Auftraggeber für dieses Bronze-Kunstwerk aus einem Guß, Bernward von Hildesheim, war ein mächtiger Reichsbischof, kunstsinnig und Förderer der Wissenschaften. Als Lehrer und Kanzler Ottos des III., des Kaisers der Renovatio Imperii Romanorum, hatte Bernward Rom kennengelernt, und hier das Vorbild für seine Christussäule gesehen – die Siegessäulen der Kaiser Trajan und Marc Aurel. Hier fand er auch ein anderes Vorbild für ein weiteres einmaliges Kunstwerk: Die spätantiken Holztüren der römischen Kirche St. Sabina. Sie regten ihn an, im Jahre 1015 – schon fünf Jahre vor der Christussäule –, zwei mächtige Bronzeflügel, wiederum aus einem Stück, gießen zu lassen.

Diese Flügel sind das Kostbarste des Doms zu Hildesheim. Wie in einer großen Bilderfuge sind Altes und Neues Testament aufeinander bezogen und ineinander verschränkt. Der linke Türflügel erzählt in acht Bildern von oben nach unten von der Erschaffung des Menschen, dem Sündenfall, der Vertreibung aus dem Paradies bis zum Brudermord von Kain an Abel; der rechte Flügel beginnt unten mit der Verkündigung, es folgt die Geburt

Jesu, die Anbetung der drei Weisen, das Verhör durch Pilatus, die Kreuzigung und schließlich die Auferstehung.

Jeder der Türflügel ist 4,72 Meter hoch und 1,12 Meter breit und hat das voluminöse Gewicht von 2000 Kilogramm. Die Figuren sind bis zu 40 Zentimeter groß. Jede Tür hat das voluminöse Gewicht von 2000 Kilogramm. Wichtiger noch als die Abwärts- und Aufwärtsbewegung der Bildkonzeption ist die parallele Anordnung der Szenen aus Altem und Neuem Testament. Das unterste Bildpaar: Kain erschlägt Abel – Tod und Verdammnis. Gegenüber: der Erzengel Gabriel erscheint Maria – Verheißung neuen Lebens. Auch Sündenfall und Kreuzigung werden in Beziehung zueinander gesetzt. Der Paradiesbaum entspricht dem Kreuz, das der Legende nach aus dem Baum der Erkenntnis gezimmert wurde; hinter Adam lauert ein Teufelchen im Gezweig. Verblüffend und aufregend ist auch die strenge Symmetrie der Bildkomposition innerhalb der Bildpaare: Die stärker ruhenden Figuren sind an die Außenseite gesetzt, die bewegten in die Mitte. Grundgedanke dieser Darstellung des Alten und Neuen Testaments ist die Biblia Pauperun, die Bilderbilder für die des Lesens und Schreibens unkundigen armen Gläubien. Aber die Bernwardstür öffnet nicht nur den des Lesens Unkundigen die Augen. Die plastische Ausformung menschlicher und göttlicher Verwirrungen, dargestellt mit sparsamen Mitteln, berührt auch den modernen Betrachtern durch seine subtile Einfachheit.

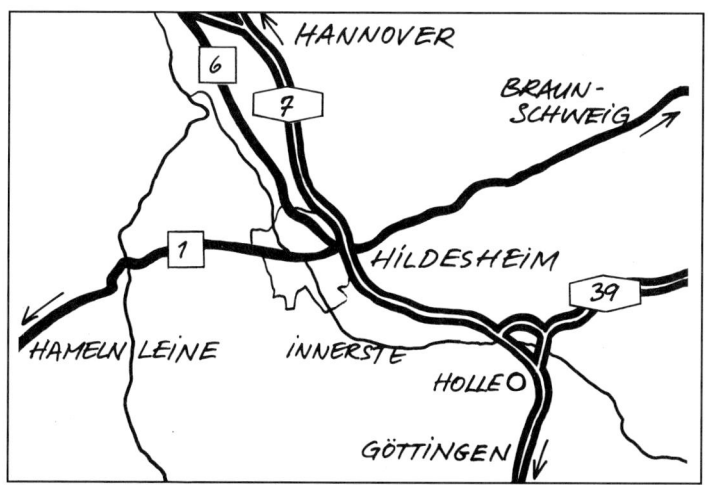

Hunsrück – auf den Spuren des Schinderhannes

„Ich habe ein ehrliches Gesicht", ist ein wiederholt bezeugter Ausspruch Bücklers, den man Schinderhannes nannte, über sich selbst. Der Trotz, der darin steckt, bezieht sich auf seine Herkunft. Sein Großvater und Vater waren Abdecker, „Schinder" nannte man sie, weil sie für den Schindacker tätig waren. Auch der junge Bückler wuchs in diesem Gewerbe auf, das zu den „unehrlichen" Professionen gezählt wurde. Den Namen „Schinderhannes" verdankte er dem verhaßten Familienberuf, nicht seiner späteren kriminellen Laufbahn.

Seinen ersten Diebstahl beging Johannes Bückler mit vierzehn Jahren; er klaute und verkaufte sechs Kalbfelle und eine Kuhhaut seines Meisters, wurde erwischt und öffentlich ausgepeitscht. Diese Schmach habe er nie überwunden, gab er später zu Protokoll. Der Mythos des „Verbrechers aus gekränkter Ehre" ist hier schon vorgezeichnet. Man fürchtete, aber bewunderte ihn auch für sein offenes Auftreten in den Dörfern des Hunsrück und besonders für die Geschicklichkeit, mit der er sich immer wieder dem Zugriff der Obrigkeit entzog. Der Schinderhannesturm in Simmern ist ein übrig gebliebenes Denkmal dieser trickreichen Schläue. Das aus dem Mittelalter stammende Gebäude war Teil

Landschaft im Hunsrück

Der Holzturm in Mainz

der Stadtbefestigung, dann Pulverturm, seit dem 17. Jahrhundert ein Gefängnis. Es galt als ausbruchssicher; denn die Gefangenen wurden an Stricken durch ein Loch in der Decke in den damals fenster- und türlosen Raum im Erdgeschoß herabgelassen und außerdem mit zentnerschweren Eisen gefesselt. Trotzdem gelang dem Schinderhannes, der hier 1799 ein halbes Jahr eingekerkert war, die abenteuerliche Flucht.

Ein weiteres Motiv für die Legendenbildung waren die zahlreichen Frauengeschichten, die man sich vom Schinderhannes erzählte. Daß ihn seine Räuberbraut verraten habe, wie die Moritaten über ihn berichteten, ist aus der Luft gegriffen. Tatsache ist, daß es blutige Rivalitäten zwischen den Banditen um die mitvagabundierenden Frauen gab. Tatsache ist aber auch, daß Johannes Bückler vor seinem letzten Tribunal in Mainz alles getan hat, um seine Frau Julchen Bläsius zu entlasten. Viehdiebstahl, Straßenraub, Mord und Totschlag waren die Delikte, derentwegen er steckbrieflich gesucht wurde. Doch die Obrigkeit, die nach ihm fahndete, war die französische Revolutionsarmee, die das linke Rheinufer beherrschte. Dies vor allem trug zur späteren Verherrlichung des Räuberhauptmanns Schinderhannes bei.

Fast wäre dem gerissenen Outlaw auch seine letzte Flucht geglückt. Als ihm der Boden im Hunsrück zu heiß wurde, setzte er sich auf das rechtsrheinische Gebiet ab und ließ sich als Soldat anwerben – ausgerechnet bei den Franzosen. Aber ein Berufskollege erkannte und denunzierte ihn. Unter schwerster Bewachung wurde Schinderhannes zuerst nach Frankfurt, dann nach Mainz transportiert. Aus dem dortigen Gefängnis, dem sogenannten Holzturm, der aber ein massiver Steinturm ist und heute noch zu den Schinderhannes-Gedenkstätten zählt, gab es für ihn kein Entrinnen mehr.

Nach monatelangem Prozeß unter französischer Gerichtsbarkeit wurden Johannes Bückler und 19 seiner Spießgesellen zum Tode verurteilt.

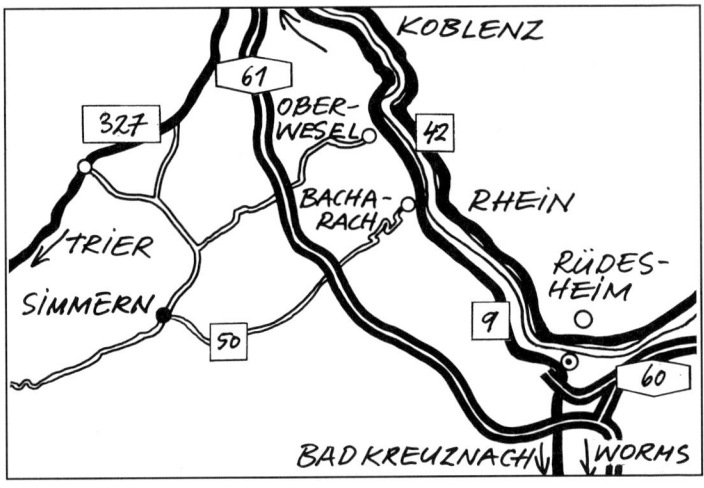

Husum – Theodor-Storm-Stätten

„Es ist ein schmuckloses Städtchen, meine Vaterstadt; sie liegt in einer baumlosen Küstenebene und ihre Häuser sind alt und finster. Dennoch habe ich sie immer für einen angenehmen Ort gehalten." Welche Stadt ist gemeint? Das verrät der Dichter durch ein Gedicht, das seiner Geburtsstadt für immer einen Beinamen verliehen hat: Die graue Stadt am Meer, Husum. Hier wurde in einer stürmischen und gewittrigen Nacht vom 14. auf den 15. September 1817 der Advokatensohn Theodor Storm geboren. Sein Geburtshaus steht im Zentrum der Stadt am Markt, ein einfacher, unscheinbarer Ziegelbau. Beherrschende Gebäude, direkt neben Storms Geburtshaus, sind das alte Rathaus und das sogenannte Herrenhaus. Im Rathaus trug der junge Storm im Rahmen einer „Redefeierlichkeit" seiner Schule sein erstes Gedicht vor. Das Rathaus wurde 1601 erbaut. Von besonderer Gruseligkeit für die Husumer ist der Dachreiter mit der Schandglocke; sie wurde noch zu Storms Lebzeiten geläutet, wenn im Rathaus ein Todesurteil verkündet oder ein Konkurs verlesen wurde. Das Herrenhaus gilt als das älteste Gebäude der Stadt, eine Mischung aus Elementen der Gotik und der Renaissance. Die heute verwitterten Köpfe in den Giebeln des Hauses sollen „Rebellenköpfe" sein von Bürgern, die 1472 wegen eines Aufstands hingerichtet wurden.

Husum: Der Hafen

Husum ist keine großzügige Bürgerstadt mit prächtigen Patrizierhäusern. Überall ducken sich die Häuschen eng in die Gassen. Roter oder gekalkter Klinker herrschen vor; ein mürrisch trotziger Zug weht durch das Städtchen, selbst wenn der neu erblühte Tourismus im Sommer auch freundlichere Seiten hervorbringt.

Die Attraktion der grauen Stadt am Meer sind die vielfältigen Spuren, die Theodor Storm hinterlassen hat: die Häuser in denen er gelebt hat, die Schauplätze seiner Novellen – das Haus in der Neustadt, wo er „Immensee" schrieb; die Inschrift an einem Haus am Marktplatz, die ihn zu seiner Novelle „Aquis submersus" anregte; das abgerissene Haus des Urgroßvaters an der Schiffbrücke, von dem nur noch das Hinterhaus steht und wo mehrere seiner Novellen beheimatet sind oder der Schützenhof in der Süderstraße, wo sein „Pole Poppenspäler" spielte.

In einem Alt-Husumer Bürgerhaus in der Wasserreihe, wo Storm von 1866 bis 1880 lebte, ist seit 1972 das Storm-Museum und eine Forschungsstelle eingerichtet. Kein Foto, kein Bild, keine Beschreibung konnten über die Originaleinrichtung zu Lebzeiten Storms Auskunft geben. Hinweise und Anhaltspunkte wurden in mühseliger Kleinarbeit aus Hunderten von Briefen Storms zusammengetragen. Es entstand ein Museum, das ein

Das Wohnzimmer Theodor Storms in Husum

lebendiges Wohnhaus ist und nichts mit musealer Weihe gemein hat. Der Besucher betritt im Erdgeschoß zuerst das „Viola-tricolor-Zimmer", das frühere Wohnzimmer der Familie Storm. In diesem Haus lebte Storm mit seiner zweiten Frau, die ihm das achte und letzte Kind gebar. Wie in der Novelle „Viola tricolor" umschattete während der ersten Ehejahre das Stiefmutterproblem das Leben der Eheleute. Im nebenan liegenden Raum, der Landvogtei, verrichtete Storm seine Arbeit als Amtsrichter. In der oberen Etage befinden sich zwei Wohnzimmer der Familie, ein Ausstellungsraum, Archiv und Leseraum der Stormgesellschaft. Ein Zimmer erinnert an die letzte Wohnstätte Storms, das Hademarschen-Zimmer. Dorthin, nach Hademarschen, zog Storm nach seiner Pensionierung 1880, und dort starb er acht Jahre später. Bemerkenswert in diesem Zimmer ist der Schreibtisch, den ihm Kieler Verehrerinnen zum 70. Geburtstag geschenkt haben. Auf dessen linker Tür sind die Stationen seines Lebens verzeichnet, auf der rechten seine bedeutendsten Novellen.

Auch im Schloß vor Husum, dem ehemaligen Sitz der Gottorfer Herzöge, hat Storm seine Spuren hinterlassen. Hier hatte er einige Jahre seinen Arbeitsplatz als Amtsrichter. In seiner Novelle „Im Schloß" beschreibt er den Treppenaufgang des Husumer Schlosses. Storm hat man im Park ein Denkmal gesetzt; er, der als Inkarnation des behäbigen Provinzlers gilt, der aber Heinrich Heine und Romantiker wie Eichendorff und Mörike als Vorbilder wählte, konnte sich gegen die Verharmlosung seiner Person als betulicher Geschichtenerzähler nie wehren.

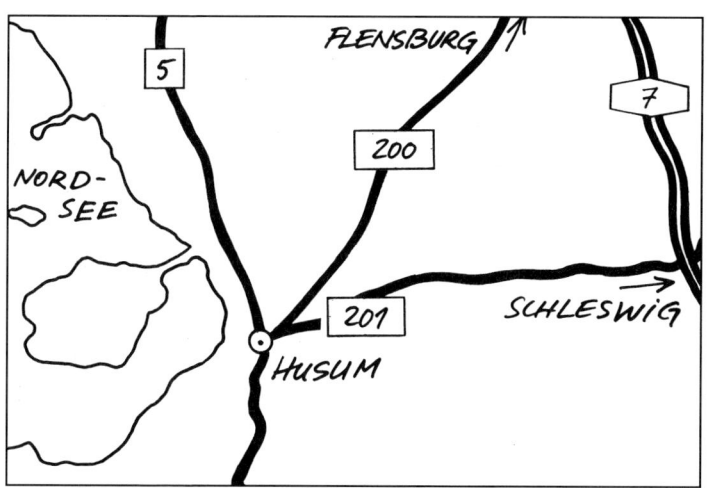

Jagsthausen – die Götzenburg

Im Tal der Jagst, etwa zwanzig Kilometer nordöstlich von Heilbronn, liegt in einer verwunschenen englischen Parkanlage eine Burg. Ein streit- und fehdelustiger Ritter entstammt diesem Gemäuer, Götz von Berlichingen. Überall findet der Besucher das Wappen derer von Berlichingen: ein fünfspeichiges Rad in Silber auf schwarzem Grund, als Helmzier ein Wolf mit einem Lamm im Maul.

Der Innenhof der Götzenburg in Jagsthausen mit seinen zierlichen Galerien und Balustraden vermittelt nur wenig von der rauhen Zeit, in der sich die Ritterschaft im ausgehenden 15. Jahrhundert gegen den wachsenden Einfluß der Territorialfürsten zu behaupten versuchte. Götz von Berlichingen kam im Jahre 1480/81 zur Welt. Das Geschlecht der Berlichingen gehörte einer untergehenden Klasse an, als Ritter waren sie „frey und ohnmitelbar", nur dem Kaiser untertänig, aber politisch übten sie keinerlei Einfluß mehr aus. Die Wehrhaftigkeit der Burg mit breitem Graben und trutzigen Mauern, der Steinbrücke – die früher eine Zugbrücke war –, zeugt von vergangenen Kämpfen. Kriegsscharmützel, Ausraubung der bürgerlichen Pfeffersäcke, Ehrenhändel und Rechtsfehden bestimmten den Alltag der Ritter zu Beginn der Neuzeit.

Götz von Berlichingen wurde durch Goethes Sturm- und Drang-Drama ein unvergessenes und idealisiertes Ehrenmal

Schloß Hornberg

Portrait des Götz von Berlichingen

gesetzt. Im Drama läßt Goethe den alternden Götz sprechen: „Schließt eure Herzen sorgfältiger als eure Tore. Es kommen die Zeiten des Betrugs. Die Nichtswürdigen werden regieren mit List, und der Edle wird in ihre Netze fallen."

Seit 1950 wird Goethes „Götz von Berlichingen mit der eisernen Faust" im Burghof von Jagsthausen alljährlich aufgeführt. Im Kreuzgewölbe einer der Burgtürme dokumentieren Schauspielerfotos diese Inszenierungen.

Schon im 19. Jahrhundert waren dem Publikum die Schätze der Burg zugänglich. Hier finden sich in einem Museum Funde aus der Römerzeit, alte Waffen und eine Gläsersammlung. Eine Ecke ist dem berühmt berüchtigten Götz von Berlichingen gewidmet. Prunkstücke der Sammlung sind die beiden eisernen Hände des Götz. 1504 wurde dem Ritter die schwertführende Rechte im bayerischen Erbfolgekrieg vor Landshut von den eigenen Verbündeten zerschossen. Die Rettung für diese ritterliche Schmach war eine Prothese. Der Meister dieses Kunstwerks ist unbekannt. Im 19. Jahrhundert machten sich Wissenschaftler daran die Kunsthand zu zerlegen, um festzustellen, wie sie funktionierte: Mit der linken Hand konnte Götz die innen mit Blattfedern versehenen Finger einbiegen und arretieren, so daß die Hand zum Halten voll funktionsfähig war. Die Mechanik dieser Hand ist so perfekt, daß sie im Ersten Weltkrieg dem Chirurgen Ferdinand Sauerbruch als Vorbild für Hand-Prothesen diente.

Die zweite, kleinere, weniger komplizierte Hand, die im Museum ausgestellt ist, weist noch Reste einer hautfarbenen Bemalung auf und diente möglicherweise als Ersatzhand oder als Hilfe für den Hausgebrauch.

Ein seltenes und aufschlußreiches Dokument ist die Autobiographie des Götz von Berlichingen, die in sechzehn Hand-

Götz-Grabplatte im Kloster Schönthal bei Jagsthausen

schriften überliefert ist und erstmals 1731 im Druck erschien. Hierin beschreibt Götz seine Kindheit, die unzähligen Fehden, die er meist im Dienste Dritter ausgefochten hat und bei denen er nie zimperlich vorging, um das Recht zu seinen Gunsten hinzubiegen. Hierin beschreibt er auch – als eine Art Rechtfertigungsschrift – wie ihn die rebellierenden Bauernhaufen zwangen, als ihr Hauptmann im Bauernkrieg die Führung zu übernehmen.

Goethe lernte den Götz-Stoff über diese Autobiographie kennen. Aus dem Originaltext erfährt man auch, daß der derbe und gern zitierte Götz-Spruch nicht lautet, ein mainzischer Amtmann könne ihn „im Arsch lecken". Götz war vornehmer; bei ihm heißt es zurückhaltend, der Mainzer könne ihn „hinden leckhenn".

Immer wieder betont Götz in seiner Autobiographie, er habe sich nur den Bauern angeschlossen und zur Verfügung gestellt, um Schlimmeres zu verhindern. Die Bauern unterliegen, Götz unterliegt. Nach seiner zweijährigen Kerkerhaft in Augsburg, nicht wie bei Goethe in Heilbronn, muß er 1530 Urfehde schwören; ein Gnadenakt, der nur wenigen zuteil wurde.

Nicht nur für Goethe, auch für den Reichskanzler Otto von Bismarck war Götz von Berlichingen ein leuchtendes Vorbild. Nach seiner Amtsentlassung schrieb er 1891 voller Sympathie für den Haudegen Götz und mit unverhohlener Kritik an der Reichspolitik ins Gästebuch des Götz-Museums:
„Patte de fer et gant de velours,
Götz hatte das Eisen, wir haben den Sammet."

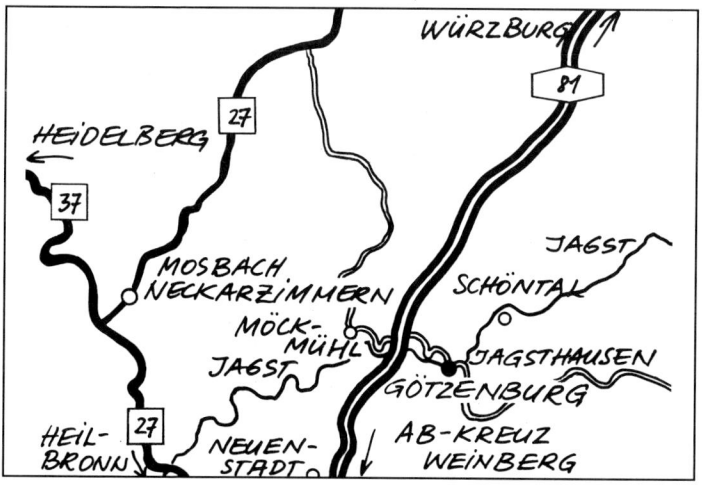

Jever – Froichen Maria

"Seltsam nahm sich Friesland unter den deutschen Territorien aus. Kein Graf, keine Lehensleute, fast keine Ritter, keine Unfreien, keine ummauerten Städte; ein Land freier Bauern." So berichtete voller Staunen ein englischer Minoritenpriester zu Beginn des 13. Jahrhunderts über seine Reise durch den nordwest-

Park und Schloß in Jever

lichen Teil Deutschlands. 'Lever tot as Slav' – Lieber tot als Sklave – so lautete seit dem Mittelalter die Kampfparole der Ostfriesen. Ostfriesland – geographisch weitab gelegen vom Zentrum des deutschen Reiches – konnte sich bis ins 16. Jahrhundert eine eigene, bäuerliche Verfassung erhalten; die friesischen Freiheiten wurden zuerst durch gewählte Richter, später durch gewählte und dann erbliche Häuptlinge behauptet. Fragen des inneren und äußeren Friedens wurden auf jährlichen Versammlungen am Upstalsboom, einer Art germanischer Thingstätte in der Nähe von Aurich, gemeinschaftlich beraten. Letzte Vertreterin der friesischen Häuptlingsherrschaft war eine Frau: Froichen Maria von Jever. Zur vierhundertsten Feier ihres Geburtstages setzten ihr die Bürger der Stadt im Jahre 1900 ein Denkmal, das sie vor das Schloß von Jever plazierten. In der rechten Hand hält sie eine Urkunde; es sind die Stadtrechte für Jever, die Maria im Jahre 1536 ihren Bürgern verlieh, aber erst 1572 kodifizierte.

Das Vorbild für dieses Denkmal ist als Gemälde in der Fürstenetage des Schloßmuseums von Jever zu bewundern.

Maria war die Tochter des Häuptlings Edo Wimken des Jüngeren. Als dieser 1511 starb, übernahm sie einige Jahre später die Regentschaft. Das Bild ihres politischen Widersachers hängt ohne Arg neben ihrem Gemälde in der Fürstenetage des Schlosses von Jever: Graf Edzard von Ostfriesland aus dem Hause Cirksena. Als Maria 1517 die Nachfolge ihres Vaters antrat, ließ Edzard I. die Burg besetzen und erklärte sich zum Schutzherrn über die Burg, über Fräulein Maria und auch über ihre beiden Schwestern. Um sich Jever endgültig zu unterwerfen, versprach

Bildnis der Maria von Jever

Das Grab von Marias Vater in der Stadtkirche

er, seine drei Söhne an die Häuptlingstöchter zu verheiraten, um die „Deutschen außer Landes zu halten" und der „vrouchen glück" zu garantieren. Große Worte, denen keine Taten folgten. Die Söhne Edzards zeigten keine Neigung, die Töchter Edo Wimkens zu ehelichen. Froichen Maria behauptete die Herrschaft.

Jever hat seiner letzten Häuptlingsfrau bis heute ein treues Andenken gewahrt. Nicht nur das Denkmal erinnert an ihre Regentschaft. Am Markt von Jever wurde 1983 ein Glocken- und Figurenspiel mit 16 Bronzeglocken eingerichtet. Auf alten Stichen und Gemälden des Schloßmuseums defilieren holzgeschnitzte Zeugen der jeverschen Geschichte als erster tritt Edo Wiemken der Jüngere aus dem Türchen, gekleidet in eine Rüstung und mit Wappenschild versehen, denn er verteidigte das Jeverland erfolgreich gegen fehdelustige Nachbarn. Es folgt ihm Froichen Maria, die Stadturkunde von Jever in der Hand.

Mittelpunkt von Jever ist das Schloß und der Audienzsaal und ein besonderes Schmuckstück. Um ihrer Herrschaft auch äußeren Glanz zu verleihen, beauftragte Fräulein Maria den Antwerpener Bildhauer Cornelis Floris, eine eichenholzgeschnitzte Kassettendecke zu arbeiten. In den Jahren 1560 bis 1564 verwandelte sich der eher karge Saal in einen prächtigen feudalen Empfangsraum. Im Schloßmuseum kann der Besucher Münzen und Siegel aus der Zeit von Maria beschauen; auch ist hier ihr Testament von 1573 – zwei Jahre vor ihrem Tod angefertigt – zu sehen. 1542 schenkten ihr die Bürger von Jever einen silbervergoldeten Pokal, um sich für ihre Regentschaft zu bedanken. Froichen

Maria übte eine strenge, aber gerechte Herrschaft aus, wie die Bewohner des Jeverlandes zu sagen pflegen. Als Anhängerin des neuen protestantischen Glaubens mißbilligte sie die ausladenden Feste, die bei den Friesen meist in orgiastischen Besäufnissen endeten.

Es wurden genaue Regeln festgelegt, damit keine Familienfeier ausarten könne. Auch für den nicht immer zimperlichen sozialen Umgang der Bauern und Bürger untereinander gab sie als höchste Justizinstanz rechtliche Anweisungen. Froichen Maria versuchte, ihre Untertanen auch auf andere Weise zu zivilisieren. Sie gründete kurz vor ihrem Tode eine Lateinschule in Jever, die heute den Namen Mariengymnasium trägt.

Neben der Ausschmückung des Audienzsaales im Schloß hat Froichen Maria Jever ein wirkliches Kunstwerk hinterlassen, das sich wie ein Fremdkörper in dieser eher rauhen Gegend ausnimmt: das Renaissance-Grabmal für ihren Vater Edo Wimken den Jüngeren.

Das Kunstwerk aus Eichenholz, Marmor, Alabaster und Sandstein überlebte alle Brände der Stadtkirche zu Jever, selbst den verheerenden Brand von 1959, und steht heute im Choranbau der neu errichteten Kirche. Maria ließ dieses prächtige Grabmal wiederum in der Werkstatt des Niederländers Cornelis Floris arbeiten. Unter einem mit Karyatiden geschmückten Kuppelbau ruht ihr Vater in einem Sarkophag. Die Karyatiden, die den Sarg tragen, verkörpern Gerechtigkeit, Weisheit, Hoffnung, Liebe, Krieg und Frieden.

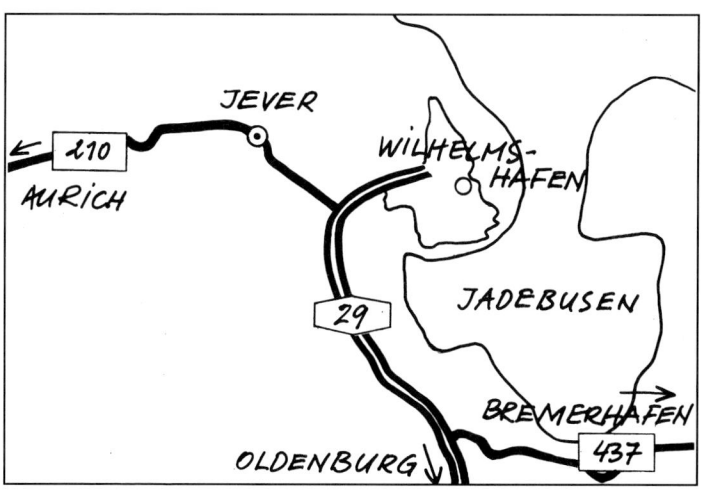

Kalkar – die Schnitzaltäre in St. Nicolai

Es ist ein altes romantisches Vorurteil, daß die mittelalterlichen Städte organisch gewachsene Gebilde gewesen seien. Unter vielen Beispielen kann man die niederrheinische Stadt Kalkar als Gegenbeweis anführen. Sie wurde im Jahr 1230 durch den Grafen Dietrich V. von Kleve gegründet und wie auf dem Reißbrett geplant und aufgebaut. Von Anfang an war Kalkar kein Adelssitz, sondern eine Stadt für Bürger und von Bürgern verwaltet. Der rechteckige Marktplatz mit einem mächtigen gotischen Rathaus an der Stirnseite und die rechtwinklig auf den Markt zulaufenden Straßen lassen die städtebauliche Rationalität noch heute erkennen. In der Kirche St. Nicolai direkt am Marktplatz konzentrieren sich die Anstrengungen dieser frühbürgerlichen Stadtgesellschaft, ihr Lebens- und Frömmigkeitsideal wirkungsvoll zur Schau zu stellen. Zur Schatzkammer ist die helle, dreischiffige gotische Halle durch ihre reiche Innenausstattung geworden.

St. Nicolai-Kirche in Kalkar

Neben zahlreichen anderen Gemälden und Skulpturen ziehen nicht weniger als sieben Flügelaltäre den Blick auf sich. An ihnen läßt sich ein eigenes, in sich geschlossenes Kapitel der Kunstgeschichte ablesen.

Ein halbes Jahrhundert, von etwa 1470 bis zum Ende der Reformation, dauerte die Blütezeit der spätgotischen Schnitzaltäre, die sich nur nördlich der Alpen entfaltete. Eines ihrer beiden Zentren lag in Süddeutschland und ist verbunden mit den großen Namen Veit Stoß, Tilman Riemenschneider und dem Meister HL. Das andere Zentrum bildete sich in den Niederlanden und am deutschen Niederrhein heraus, wird hier jedoch zu Unrecht weniger mit Künstlernamen als mit Städtenamen verknüpft: Kleve, Xanten und Kalkar.

Meister Arnt war der erste der bedeutenden Bildschnitzer in Kalkar. Eines seiner Hauptwerke ist der um 1483 vollendete Georgsaltar. Der geschnitzte Altarschrein zeigt das Leben des Heiligen Georg, in den Mittelpunkt gerückt seinen Kampf mit dem Drachen, ringsum die Stationen seines Martyriums. Schon hier fallen ungewöhnliche, höchst originelle Züge der Bildkomposition auf: die Vielfalt des Figurenensembles, die intensive Einbe-

Schnitzaltar in der St. Nicolai-Kirche

Schnitzaltar in St. Nicolai

ziehung der Landschaft und der Architektur, die derbe Realistik einzelner Szenen.

Zum Äußersten gesteigert finden sich die profane Erzählfreude und die Lust am naturalistischen Detail im Schnitzwerk des Hochaltars wieder. Das Bildprogramm wurde ebenfalls von Meister Arnt entworfen und zum Teil auch ausgeführt, bis sein Tod 1492 die Arbeit unterbrach. Es dauerte lange, bis sich ein anderer Meister fand. Der aus dem hessischen Marbach stammende Ludwig Jupan, in Kalkar Meister Loedewich genannt, vollendete zwischen 1498 und 1500 das Riesenwerk. Die Handschrift des Meister Arnt ist vor allem im Mittelteil an den großen, gedrungener wirkenden, fast vollplastischen Figuren zu erkennen. Bei Meister Loedewich werden die Gruppen flächiger, die Figuren gestreckter und reliefartig fließend.

Nach Meister Arnt und Ludwig Jupan tritt nun vom Jahr 1515 an ein dritter Meister in Kalkar in Erscheinung, der den Ruhm seiner Vorgänger, wenigstens im Urteil der meisten Kunsthistoriker, in den Schatten stellte: Henrik Douvermann. Seine Hauptwerke sind in Kleve und Xanten zu bestaunen. In Kalkar hinterließ er vor allem den zwischen 1518 und 1522 geschaffenen

Sieben-Schmerzen-Altar. Wie eine Vorausahnung des Barockzeitalters wirken seine expressiv bewegten Bildschnitzereien, die den sieben Schmerzen Mariens im Rosenkranz gewidmet sind. Von einer Vertiefung des philosophisch-theologischen Inhalts kann keine Rede sein; statt dessen feiert bei ihm ein spätgotisches, fast manieristisch zu nennendes Virtuosentum Triumphe. Die hinter einem dschungelhaften Pflanzenschlingwerk herausgearbeiteten Figuren König Davids mit der Harfe und des Propheten Jesaia sind artistische Höhepunkte der Bildschnitzerei.

Der jüngste in der großen Reihe der Kalkarer Bildschnitzer ist ein Namensvetter des Meister Arnt. Nach dem Tode Douvermanns im Jahr 1530 leitete Arnt van Tricht bis 1570 die letzte bedeutende Bildhauerwerkstatt der Stadt. Sein wichtigstes Werk ist der Dreifaltigkeitsaltar, der heute im südlichen Seitenschiff von St. Nicolai aufgestellt ist. Trotz spätgotischer Reminiszenzen im Maßwerk und in den Figuren des Heiligen Petrus und Heiligen Paulus ist die Gesamtarchitektur des Altars eine reine Renaissance-Komposition. Am sichtbarsten tritt die Verweltlichung des Programms in der Hauptfigur hervor: die Heilige Magdalena ist eine zwar gotisch gewandete, aber nach ihrem Kopfputz modebewußte, die Sinnlichkeit ihrer Gestalt betonende Bürgersfrau, die nichts weniger als Heiligkeit ausstrahlt.

Das Selbstbewußtsein der Bürger, die diese Altäre stifteten, war so groß, daß sie sich eine Art Loge im Chor der Kirche bauen ließen, ein Chorgestühl, das ihnen gar nicht zukam, weil die Kirche weder Domkapitel noch Teil einer Klosterstiftung war.

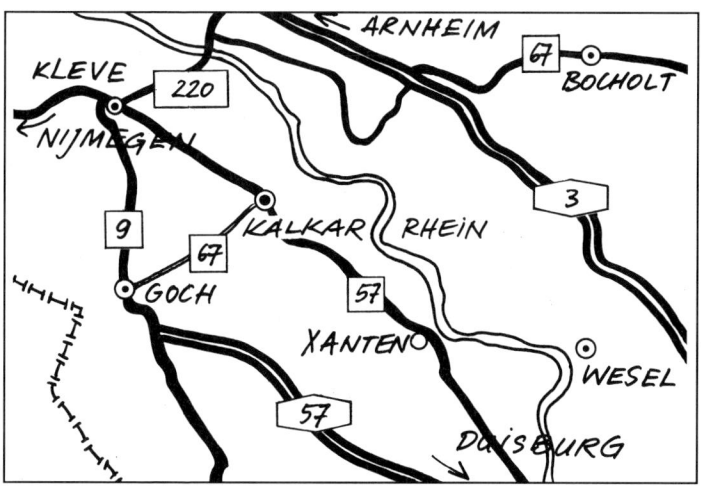

Kitzingen – das Deutsche Fastnachtmuseum

Fastnacht, Fasching, Karneval – eines der ältesten Volksfeste der Welt hat Jahrhunderte und Jahrtausende überdauert und ist heute so lebendig wie in der Antike und im Mittelalter. Bewahrt geblieben sind in diesem Exzeß der Fröhlichkeit heidnische und christliche Traditionen, Elemente ritualisierter Frömmigkeit und anarchischer Lebenslust. Karneval – das ist der Sieg des Frühlings über den Winter, der Jugend über das Alter, des einfachen Volks über die Mächtigen, des unterdrückten Trieblebens über die herrschende Moral. Die Welt wird auf den Kopf gestellt, das Unterste zuoberst gekehrt – wenn auch nur für eine kurz bemessene Zeit.

Ein Narrenstück besonderer Art hat sich die unterfränkische Stadt Kitzingen, nur wenige Kilometer südöstlich von Würzburg

Im Museum ausgestelltes Kostüm

Falterturm in Kitzingen

gelegen, vor einigen Jahren geleistet. Sie hat 1984 ein Fastnachts- und Karnevalsmuseum eingerichtet und einen höchst originellen Ort dafür ausgesucht. Der schiefe Turm von Kitzingen, von altersher das Wahrzeichen der Stadt, trägt eine stark zur Seite geneigte Helmhaube, die dem soliden Bauwerk das Aussehen leichter Betrunkenheit verleiht. Der siebengeschossige Rundturm, zwischen 1469 und 1496 errichtet, gehörte zu der in spätgotischer Zeit erneuerten und erweiterten Stadtbefestigung. Die Schieflage der Turmspitze, so erzählt die Legende, sei dem Wein zu verdanken, den die Erbauer statt Wasser in den Mörtel gemischt hätten. Tatsache ist, daß der Dachhelm von Anfang an so schräg konstruiert war, wie er noch heute aussieht – vielleicht schon damals ein Anzeichen für Übermut und Ausgelassenheit.

Es hatte also einiges für sich, das offizielle Museum des Bundes Deutscher Karneval in diesem „schiefen Turm", im weinfrohen und festfreudigen Unterfranken einzurichten. Der Bund Deutscher Karneval ist die Dachorganisation von über 2500 Narrenzünften, Faschingsgilden und Karnevalsgesellschaften, die es in der Bundesrepublik gibt. Für viele dieser Vereine, aber auch für

Schulklassen, Seniorengruppen, Betriebsausflügler und ausländische Touristen ist der närrische Turm in Kitzingen zu einem beliebten Reiseziel geworden.

Das Schönste am Kitzinger Fasnachtmuseum ist seine unbekümmerte Naivität. Ohne es zu wollen, führen die Organisatoren den Kampf der Ordnung mit der Unordnung vor Augen; eine echt karnevalistische Leistung. Eine altägyptische Sarkophag-Maske, die Weingötter Silen und Bacchus, Abgüsse von römischen Komödienmasken – irgendwie sollen sie alle etwas mit Karneval, Fasching und Fastnacht zu tun haben. Sogar eine Kopie der Goldmaske ist ausgestellt, die einst Heinrich Schliemann ausgrub und als Totenmaske des homerischen Helden Agamemnon identifizierte. Offenbar ist auch sie ein Beweisstück für den unverwüstlichen Charakter des Königs Karneval.

Sieben prächtige Gestalten, die im gleichen Raum zu bewundern sind, sind wirklich Geschöpfe der alten Fasnacht. Strohbär, Strohläufer und Strohpuppe weisen auf älteste heidnische Zeremonien bei der Vertreibung des Winters und bei der Frühlingsaussaat hin. Teufel und Hexen führen diese Tradition in christlicher Umwandlung weiter.

Je höher man im Turm emporsteigt, desto mehr nähert man sich der Gegenwart. Zugleich schwinden die Elemente der ländlichen Fasnachtskulte – der Einfluß der städtischen Festkultur nimmt sichtbar zu. Also doch eine klare Gliederung im karnevalistischen Chaos? Keineswegs. Im 4. Obergeschoß wird man plötzlich mit mexikanischen Dämonenmasken konfrontiert, daneben wiederum mit alpenländischen Teufelsmasken. Im gleichen Raum befindet sich – rätselhaft, warum ausgerechnet an dieser Stelle – eine große Vitrine mit Dutzenden von Blechorden und -abzeichen Kölner Karnevalsvereine der letzten 30 Jahre.

Das Stockwerk darüber bietet einen kulturhistorisch interessanten Überblick über die karnevalistische Entwicklung in den deutschen Städten der Renaissance und an den Fürstenhöfen des 18. Jahrhunderts. Hier paradieren die berühmten Masken der Nürnberger Fasnacht. Dort sind Ausschnitte aristokratischer Feste zu

Traditionelle Karnevalskappe

sehen, die sich in Rokokomanier am venezianischen und römischen Karneval, an Formen der italienischen Komödie orientierten. Man muß ein bißchen suchen, aber dann findet man den Faden, der durch diesen Ausstellungsteil führt – denn das Pferd ist vom Schwanz aufgezäumt. Beim Betreten des Raumes befindet man sich im 18. Jahrhundert; verläßt man ihn, hat man Dokumente des 15. und 16. Jahrhunderts vor Augen. Aber Karneval und Fasnacht sind eben – die verkehrte Welt.

Endlich sind wir ganz oben angelangt, direkt unter dem Dach des schiefen Kitzinger Turms, und in der Gegenwart heutigen Faschings- und Karnevalstreibens. In diesem Sammelsurium von Kostümen, Fahnen, Plakaten, Karnevalsrequisiten und Faschingsorden geht der ordnende Verstand endgültig unter. Es fehlt nicht an Hinweisen auf die politische Funktion des rheinischen Karnevals, der im 19. Jahrhundert eine wichtige Protestfunktion gegen die preußische Herrschaft erfüllte.

Noch heute gehört es zu den Gepflogenheiten des Mainzer und Kölner Karnevals, die Autoritäten des politischen Lebens zu verspotten. Doch diese kritischen Aspekte gehen in der Fülle der gezeigten Objekte des Kitzinger Fastnachts- und Karnevalsmuseums unter.

Neben dem Museum im schiefen Turm hat der Bund Deutscher Karneval ein zweites Zentrum in Kitzingen errichtet. Der Marktturm beherbergt eine umfangreiche Sammlung historischer Dokumente über das Fasnachts-, Faschings- und Karnevalsleben der vergangenen Jahrhunderte.

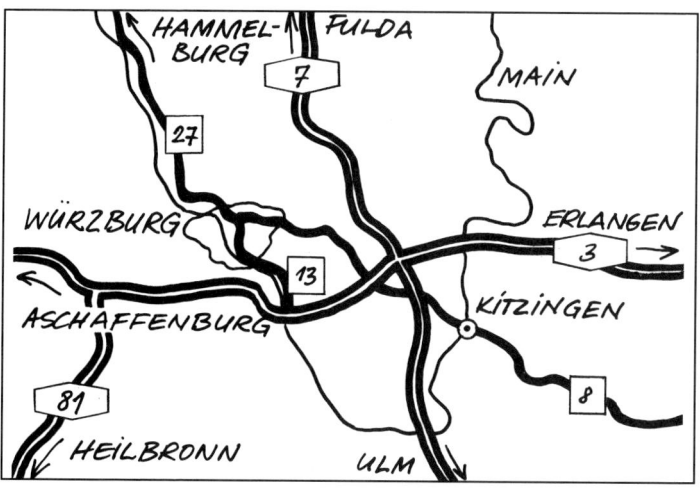

Knittlingen – das Faust-Museum

Mit seiner Faust-Dichtung hat Johann Wolfgang von Goethe einer Gestalt zu literarischem Weltruhm verholfen, die wirklich existiert hat, deren Leben aber in ein fast undurchdringliches Dunkel gehüllt ist. „Kennst du den Faust?" – diese Frage stellt nicht nur Gottvater dem Teufel beim Prolog im Himmel, sie ist auch zu einer Bildungsfrage für Generationen von Gymnasiasten geworden und beschäftigt seit Goethe ungezählte Gelehrte, Schriftsteller und Künstler.

Das kleine Städtchen Knittlingen, etwa in der Mitte zwischen Stuttgart und Karlsruhe gelegen, ist der Geburtsort des historischen Faust, der hier um 1480 das Licht der Welt erblickte. Das Geburtshaus wurde im Dreißigjährigen Krieg zerstört; an seiner Stelle steht ein prächtiges Fachwerkhaus aus dem 18. Jahrhundert, das jedoch einige Geheimnisse des berühmt-berüchtigten Mannes bewahrt hat. 1837 fand man in einer Scheune des Hauses, in den Erdboden vergraben und sorgfältig gegen Feuchtigkeit imprägniert, einen sternförmigen flachen Schrank, der mit Zeichen und Symbolen der Alchimistensprache bemalt ist. Seit 150 Jahren hängt dieses merkwürdige Möbel im Treppenhaus des heute privat genutzten Gebäudes. Im gleichen Haus, in einer Türschwelle versteckt, wurde 1923 ein Lederbeutel mit einem Pergamentzettel entdeckt, der gleichfalls mit magischen Formeln bedeckt ist. Beide Stücke stammen möglicherweise aus Fausts Besitz oder Nachlaß; sie wären dann die einzigen greifbaren Zeugnisse seines persönlichen Lebens. Wenn sie aber später entstan-

Portrait des Arztes Doktor Johann Faust

Der historische Faust in einem alten Volksbuch

den sind, geben sie Aufschluß über einen heimlich gepflegten Faust-Kultus, der sich vom alten Geburtshaus in das neue Gebäude fortgepflanzt haben muß.

Nur ein paar Schritte von hier entfernt befindet sich das sehenswerte Faust-Museum, das 1980 eröffnet wurde und im ehemaligen Rathaus, einem Fachwerkbau aus dem 17. Jahrhundert, untergebracht ist. Die Räume des Erdgeschosses sind dem historischen Faust gewidmet. Mit kriminalistischem Spürsinn ist hier alles zusammengetragen, was es an Spuren aus dem wirklichen Leben des Renaissance-Menschen Faust gibt. Viel ist es nicht; umso aufregender ist das Abenteuer der Spurensuche.

So existiert kein einziges zeitgenössisches Bildnis vom Doktor Faust; die frühesten bildlichen Darstellungen, die mehr den allgemeinen Typus des Gelehrten als Faust persönlich darstellen, stammen aus dem 17. Jahrhundert. Etwas deutlicher tritt der Original-Faust in schriftlichen Zeugnissen hervor. Am berühmtesten ist der Brief, den der Würzburger Abt Johannes Trithemius 1507 an den Mathematiker und Hofastrologen Johann Virdung in Heidelberg schrieb. Er enthält eine Schimpfkanonade, in der Faust als „Landstreicher" und „betrügerischer Strolch" gebrandmarkt wird. Der üble Ruf des Scharlatans, der ihm vorauseilte, änderte jedoch nichts daran, daß Faust als Wahrsager und Alchimist eine

Doktor Johann Faust bei einer Begegnung mit Mephisto

sehr gefragte Person war. Der Bamberger Bischof Georg Schenk von Limpurg zahlte ihm 1520 für ein Horoskop die damals fürstliche Summe von 10 Gulden. Und der Maulbronner Abt Johann Entenfuß engagierte ihn 1516 als Goldmacher. Heiß begehrt und hoch gehandelt waren im 17. und 18. Jahrhundert die als „Höllenzwänge" bezeichneten Bücher mit magischen Beschwörungsformeln, die allgemein dem Zauberer aus Knittlingen zugeschrieben wurden.

Schon zu Lebzeiten geheimnisumwittert, wurde Faust bald nach seinem Tod zur literarischen Figur. Das Volksbuch „Historia von Doctor Johann Fausten", 1587 anonym veröffentlicht, wenig später das „Faust-Drama" des Shakespeare-Zeitgenossen Christopher Marlowe und Goethes Faustdichtung sind die wichtigsten Anfangsstationen dieses Werdegangs.

Im zweiten Stockwerk des Knittlinger Museums ist die fast unübersehbare Fülle weiterer Faust-Bearbeitungen in Schrift und Bild vorzüglich dokumentiert. In wirkungsvollem Kontrast dazu stehen mehrere Ensembles von Marionetten und Handpuppen, die an die alte und populäre Tradition des Fauststoffs auf der Puppenbühne erinnern.

Eine besondere Delikatesse, wie das meiste eine Schenkung aus Privatbesitz, ist die umfangreiche Sammlung von Musikalien. Man ahnt nicht, wie viele Komponisten sich mit dem Faust-Thema beschäftigt haben, das allzu oft nur als Domäne der Literatur angesehen wird. Im gleichen Sinne hat die Museumsleitung dafür gesorgt, daß der Bereich der neuen Medien nicht ausgespart bleibt. Dem allzu Bildungsbeflissenen tut es ganz gut, wenn er Richard Burton als Faust und Elizabeth Taylor als Helena auf einem Hollywood-Plakat posieren sieht.

Man wandelt eben nicht nur, wie es in Goethes Faust heißt, „mit bedächt'ger Schnelle vom Himmel durch die Welt zur Hölle", sondern auch durch trivialere Bereiche. Eine besonders gute Idee der Museumsleitung war es also, die alltägliche Trivialisierung des Faustthemas nicht auszusparen. Eine Vitrine zeigt die Ausrüstung eines Rekruten aus dem Ersten Weltkrieg samt seinem zur erbaulichen Lektüre im Tornister mitgenommenen Faust-Heftchen.

Und wo die Welt zur Hölle wurde, war der Weg nicht weit zur Reklame, die den Himmel auf Erden verspricht. Vom Turbinentanker „Faust" bis zum Strickgarn „Mephisto", von der Parfüm-Marke bis zur Puddingtorte und zum Menue à la Faust findet sich fast alles in Werbung und Marketing, was mit dem Namen Faust hausieren geht. Den alten Magier aus Knittlingen hätte das am allerwenigsten gestört. Er versuchte ja auch, seine Horoskope, Quacksalbereien und Alchimistenküche meistbietend zu verkaufen.

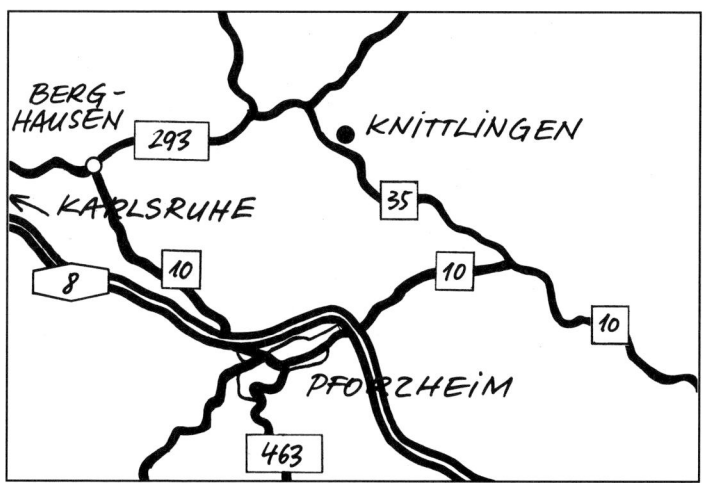

Köln – die Goldene Kammer in St. Ursula

Unter den unzähligen Kirchen der Domstadt Köln gehört St. Ursula zu den äußerlich eher unscheinbaren Gotteshäusern. Ihre Geschichte reicht jedoch in die ältesten Zeiten der Christianisierung Deutschlands zurück, und im Inneren birgt sie eines der seltsamsten Heiligtümer der Stadt: die „Goldene Kammer", eine dem Kultus der heiligen Ursula geweihte Gedenkstätte. Sie entstand im 17. Jahrhundert, faßt aber in sich eine sehr alte Tradition der Toten- und Heiligenverehrung zusammen.

Im gotischen Chor der Kirche befindet sich ein Denkmal, das auf diese Tradition hinweist. Um 400 n. Chr. ließ Clematius, ein Bürger der römischen Stadt Köln, in Stein meißeln, daß er auf seinem Grundstück eine Kirche zum Andenken an christliche Märtyrerinnen errichten ließ. Wer die Jungfrauen waren, die zur Zeit der Christenverfolgungen den Märtyrertod in Köln erlitten,

„Die Legende der Heiligen Ursula. Die Ankunft in Köln und Märtyrium".

ist nicht mehr zu ergründen. Die Legende der Heiligen Ursula, die mit elftausend Jungfrauen in Christi Namen gestorben sein soll, bildete sich erst später heraus. Im 8. Jahrhundert werden erstmals elf Jungfrauen erwähnt, unter denen der Name Ursula aber noch fehlt. Erst zwei Jahrhunderte später tritt die Heilige dieses Namens an die Spitze der inzwischen auf elftausend angewachsenen Schar von Märtyrerinnen. Die „legenda aurea", das um 1270 entstandene, beliebteste Heiligenbuch des Mittelalters, faßt die in großer Zahl kursierenden Versionen der Ursula-Legende zusammen. Die schöne und fromme englische Königstochter widerstand dem Brautwerben des heidnischen Königssohns Aetherius, indem sie ihm zwei Bedingungen auferlegte: er müsse sich taufen lassen und drei Jahre bis zur Hochzeit warten. Sie selbst begab sich mit zehn Schiffen und elftausend Gefährtinnen und Dienerinnen auf Reisen, gelangte nach Köln und Basel, von dort nach Rom und wieder zurück an den Rhein, wo sie mitsamt ihrem Gefolge von den Hunnen, die Köln belagerten, ermordet wurde. Die romanhafte Ausschmückung der Ursula-Legende reizte die Phantasie wie kaum ein anderes Heiligen-

Gemälde um 1450 (Kölner Meister)

Das Innere von St. Ursula

schicksal. Maler wie Memling oder Carpaccio haben bedeutende Gemälde diesem Thema gewidmet. Berühmte Universitäten des Mittelalters – Paris, Coimbra, Wien, und natürlich Köln – wählten die Heilige zu ihrer Schutzpatronin.

Zwischen dem römischen Gedenkstein des Clematius und der voll ausgebildeten Ursula-Geschichte der Legenda aurea gibt es eine geschichtliche Kontinuität, die auf etwas sehr Realem beruht. Schon seit dem frühen Mittelalter, aber auch noch ein Jahrtausend später fand man auf dem zur Kirche gehörenden Gelände Massengräber, Totenschädel, Skelette und Knochen, die überwiegend von Frauen stammten. Die Nonnen, die seit dem Jahr 922 Kirche und Kloster verwalteten, entwickelten im Lauf der Jahrhunderte einen schwunghaften Handel mit den begehrten Reliquien; die Legende der 11.000 Märtyrerinnen kam dem frommen Geschäft sehr entgegen.

Allein das nahegelegene Zisterzienserkloster Altenberg besitzt etwa tausend Schädel aus dem Boden von St. Ursula.

Noch im 19. Jahrhundert wurden Reliquien aus diesem unerschöpflichen Fundus transferiert, vor allem in katholische Missionen nach Indien und Afrika.

Für Köln ist aber nicht nur genug übrig geblieben, hier hat der Kult der Heiligen Ursula und ihrer Jungfrauen auch eine makaber-künstlerische Ausprägung erfahren: die Goldene Kammer von St. Ursula. Wie eine Inschrift im Kreuzgewölbe der Kapelle ausweist, stifteten der kaiserliche Rat Johann von Crane und seine Frau Verena die Ausstattung dieser Reliquienkammer. Ihre Wappen sind ebenso verewigt wie das Baujahr 1643.

In einzigartiger Weise verschmelzen in diesem Raum die Todesmystik und die Prachtentfaltung des Barockzeitalters. Das von Religionskriegen zerrissene und von Untergangsvisionen geschüttelte Jahrhundert lebte in der ständigen Spannung zwischen Sinnenrausch und Todeserwartung. Die irdische Existenz ist vergänglich, ein flüchtiger Schein, aber ein schöner Schein, der bis zum Äußersten ausgekostet wird. Selbst die Faszination des Todes verwandelt sich, wie die Goldene Kammer zeigt, in eine festliche Inszenierung, in ein lustvoll genossenes Schauspiel des Diesseits. Die Gruft wird zum Festsaal ausgeschmückt.

Zu Ornamenten und Buchstaben geordnet werden Abertausende von Gebeinen, die in den Bögen unter dem Kreuzgewölbe aufgeschichtet sind: ein kunstvolles Memento mori. Fröhliche Putten umtanzen das Kreuz auf dem Altar, als ob sie den Modergeruch verscheuchen wollten. Darunter: die Heilige Ursula in ekstatisch-visionärer Haltung.

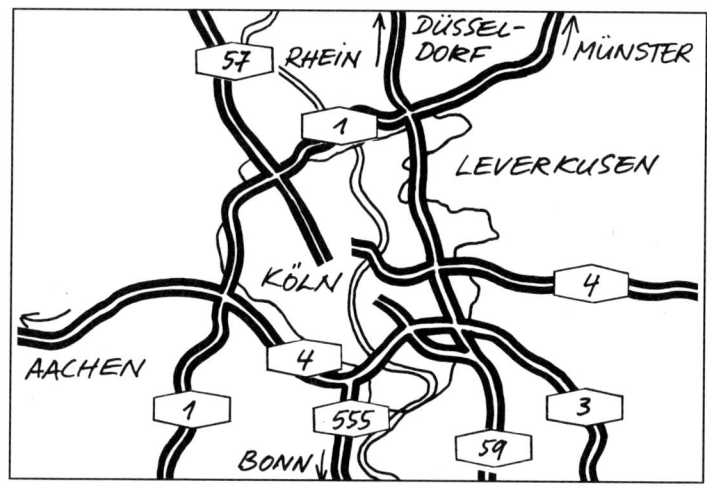

Königstein – die Festung

Östlich von Dresden, nahe der tschechischen Grenze, liegt direkt an der Elbe im sogenannten Elbsandsteingebirge die Festung Königstein. Sie wurde wahrscheinlich um das Jahr 1200 hier auf dem Tafelberg errichtet und ist seit dem sechzehnten Jahrhundert bis in unser Jahrhundert hinein als Gefängnis genutzt worden. Die wuchtigen Mauern der Festung schüchtern ein; wer hier in Gefangenschaft geraten war, mußte gute Verbindungen haben, um auf ein Entkommen hoffen zu können. Die Reihe der berühmten Gefangenen, die hier festgehalten wurden, ist lang. Einer der Berühmtesten war Johann Friedrich Böttger.

Böttger, 1682 geboren, war als Vierzehnjähriger von seinen Eltern zu einem Apotheker in Berlin in die Lehre gegeben worden, denn schon als Kind hatte er eine Leidenschaft für chemische Experimente gezeigt. Während der Lehrzeit experimentierte er nächtelang mit Materialien, die er sich aus der Apotheke beschafft hatte – er wollte Gold machen. In dieser Zeit machten die Naturwissenschaften überall so erstaunliche Fortschritte, daß es im nachhinein verständlich erscheint, daß er glaubte, den Stein der Weisen finden zu können. In Berlin machte Böttger die Bekanntschaft eines griechischen Bettelmönchs mit Namen Lascaris, der regelmäßig in die Apotheke kam, um sich verschiedene Tinkturen zu besorgen, und der junge Böttger glaubte, von ihm vieles lernen zu können. Dieser Lascaris soll ihm eine kleine Menge echter „Goldtinktur" geschenkt haben, und im Jahre 1701 soll Böttger damit – so sein Lehrherr, der Apotheker Zorn – aus drei Lot gemeinem Geld durch Zusatz eines Tropfens seiner roten Tinktur gediegenes Gold gewonnen haben.

Davon hörte der König, Friedrich I. von Preußen, und er ließ sich umgehend das Stück Gold ausliefern. Außerdem ver-

Das Böttger-Denkmal in Meißen

langte er, daß man den jungen Alchimisten zu ihm bringe. Böttger aber floh aus Berlin nach Kursachsen und ließ sich an der Universität Wittenberg als Student der Medizin einschreiben. Friedrich I. setzte tausend Taler auf ihn aus.

Nun wurde auch der sächsische Kurfürst und König von Polen, Friedrich August I., genannt August der Starke, auf ihn aufmerksam: Er ließ ihn zu sich bringen und sagte ihm, er müsse auf der Stelle in der königlichen Schatzkammer seine Kunst beweisen, anderenfalls werde er ihn als Scharlatan hinrichten lassen. Zwar konnte Böttger ihm nicht das Goldmachen vorführen, doch August sah von einer sofortigen Hinrichtung ab – lieber behielt er den Alchimisten in seiner Nähe: Während der folgenden Jahre blieb Böttger Gefangener des Königs – gefüttert wie eine goldene Gans und mit allem versehen, was er für seine Experimente brauchte.

August, unter dessen Herrschaft in Dresden die Künste blühten, hatte gute Gründe, sich für die Kunst des jungen Mannes zu interessieren, denn sein ausgeprägtes Vergnügen an allem, was gut und teuer war, ließ ihn ständig auf der Suche nach Geldquellen sein. Zwar war er Rationalist, aber die Alchimie war zu seiner Zeit sehr verbreitet, und er glaubte daran, daß man mit ihrer Hilfe Gold herstellen könne. Und im Jahr 1700 hatte mit dem Einmarsch sächsischer Truppen in das schwedische Livland der Nordische Krieg begonnen, was den Bedarf an Geld weiter erhöhte.

Im Jahr 1706 – Böttger hatte inzwischen einen Fluchtversuch unternommen, war aber wieder eingefangen und in Dresden festgesetzt worden – hatten die Experimente noch

Reiterstandbild von August dem Starken

immer zu keinem Ergebnis geführt. Aber die Lage in Sachsen wurde bedenklich, denn die Schweden, gegen die sich August mit dem dänischen König und dem russischen Zaren verbündet hatte, bedrohten Dresden. Wie so oft in brenzligen Situationen diente die Festung Königstein als Zuflucht. August brachte sich, seinen Hof und auch seinen wertvollen Gefangenen in Sicherheit. Bis 1707 mußte Böttger in Königstein weiterarbeiten, und noch heute kann man seinen Arbeitsraum in der Georgenburg über dem mit drei Zugbrücken befestigten Haupteingang besichtigen. Als die schwedische Gefahr dann vorüber war, wurde er wieder nach Dresden gebracht.

Das Geheimnis des Goldmachens hat er zwar nicht entdeckt, aber mit Hilfe des Physikers und Chemikers Tschirnhaus gelang ihm in seinen Experimenten die Entdeckung des „weißen Goldes": Am 28. März 1709 teilt er August mit, er habe „gutes weißes Porzellan, sammt der allerfeinsten Glasur" hergestellt.

Der König war ein Liebhaber des Porzellans, und so war er zufrieden, gründete im Jahr 1710 die erste Porzellanmanufaktur, verlieh Böttger den Titel eines Barons und entließ ihn in die Freiheit. Böttger starb am 13. März 1719 in Dresden.

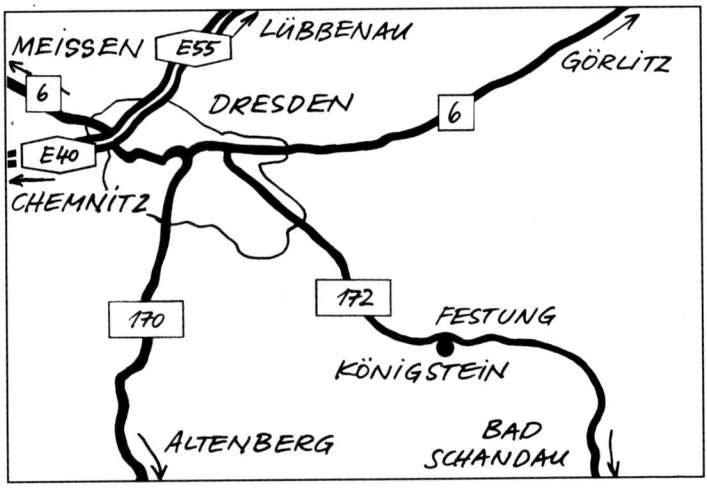

Kyffhäuser – der Bergrücken in der „Goldenen Aue"

In der Mitte Deutschlands, im nördlichen Thüringen, erhebt sich aus der fruchtbaren Landschaft der „Goldenen Aue" ein bewaldeter Bergrücken, der Kyffhäuser. Tiefe Schluchten, wilde Höhlen und ein manchmal undurchdringlicher Wald haben diesen fünfhundert Meter hohen Berg zu einem geheimnisvollen Ort gemacht, um den sich manche Sagen ranken.

Auf der Spitze des Kyffhäuser steht eine riesige Denkmalanlage aus Stein, die mächtig alle Wipfel des Waldes überragt. Im unteren Teil des Monuments thront wie in einer steinernen Theaterlandschaft, eingefaßt von einem pseudo-romanischen Portal, Stauferkaiser Barbarossa, der „heimliche Kaiser", wie Heinrich Heine ihn nannte. Er schläft, die rechte Hand schwer auf sein Schwert gestützt, mit der Linken zaust er sich sorgenvoll in seinem langen, bis zur Erde reichenden Bart. Darüber erhebt sich ein mächtiger, fast sechzig Meter hoher Turm mit einem Reiterstandbild. Dargestellt ist der deutsche Kaiser Wilhelm I. Abgeschlossen wird das Denkmal durch eine über sechs Meter hohe Reichskrone.

Das deutsche Reich, durch „Blut und Eisen" 1871 zusammengeschweißt, erbaute sich sinnstiftende Monumente nationaler Selbstvergewisserung. Nach dem Tode Kaiser Wilhelms I. im Jahr 1888 überschwemmten Wilhelm-Standbilder die Landschaften. Gesucht wurden erhabene Stellen in der freien Natur,

Die Spitze des Kyffhäusers von weitem gesehen

Das Kyffhäuserdenkmal: Barbarossa und Wilhlem I.

gedacht als Weihestätten und Bergheiligtümer einer mystifizierten deutschen Geschichte. Das sagenumwobene Kyffhäusergebirge bot sich an. Tief im Inneren des höhlenreichen Kyffhäuserberges, so die Sage, schläft der Kaiser. Sein wallender Bart ist bereits durch den Tisch hindurchgewachsen. Alle hundert Jahre erwacht er und fragt einen Zwerg, ob die Raben noch um den Berg flattern. Sind die Boten des Unheils noch unterwegs, muß der Kaiser wieder für weitere hundert Jahre in Tiefschlaf verfallen. Erst wenn die Raben nicht mehr fliegen, wird der Kaiser aufstehen und seinem Volk das Ende der Zwietracht verkünden und es friedvoll vereinen.

Ursprünglich war dieser Mythos nicht auf Friedrich Barbarossa bezogen, sondern auf seinen Enkel, den Stauferkaiser Friedrich II. Erst im 16. Jahrhundert verknüpft sich die Sage mit Friedrich I. 1519 erscheint das Volksbuch „Wahrhaftige Historie von dem Kaiser Friedrich, dem ersten seines Namens, mit einem langen roten Bart" – er, der im Jahr 1190 während des 3.Kreuzzuges im türkischen Fluß Saleph ertrunken war, bot genug geheimnisvollen Stoff, er könne noch leben und auf seine Rückkehr warten, um den Deutschen als Retter die Segnungen eines geeinten und starken Reiches zu bringen.

Im Jahr 1890 wurde mit dem Bau des Kyffhäuserdenkmals begonnen. 1896 wurde das Reichsehrenmal unter Aufzug zahlreicher Kriegervereine, die sich im Kyffhäuserbund zusammengeschlossen hatten, feierlich eingeweiht. Wilhelm I., Barbablanca, und der Stauferkaiser Friedrich I., Barbarossa, verwuchsen zu einer Symbolfigur. Der Staufermythos ging im 19. Jahrhundert in den Hohenzollernkult über; in Wilhelm I. sollte Barbarossa zu neuem Leben erwachen. Das preußische Säbelgerassel um Barbarossa hat der Beliebtheit des Denkmals nichts anhaben können. Die verwunschene Landschaft hält die alte Sage am Leben und lockt die Besucher an.

Vergessen ist, daß Barbarossa auch einmal von Revolutionären um Beistand angerufen wurde. In den Bauernkriegen zu Beginn des 16. Jahrhunderts versammelten sich die rebellierenden Bauernhaufen auf dem Kyffhäuser und baten den schlafenden Barbarossa, sie im Kampf gegen Adelswillkür und Pfaffendespotie zu unterstützen. Am Südhang des Kyffhäuser, bei dem Städtchen Frankenhausen, wurde das letzte Aufbegehren der Bauern im Mai 1525 in einem grauenvollen Gemetzel im Blut erstickt. Hier steht nun ein anderes Nationalheiligtum der ehemaligen DDR: das Bauernkriegs-Panorama „Frühbürgerliche Revolution in Deutschland" von Werner Tübke. Die Ahnenbeschwörung, die die DDR-Machthaber vorhatten, fand jedoch nicht statt. Der Maler Werner Tübke schuf in fast dreizehnjähriger Arbeit ein Bild-Panorama, das jede einseitige Verherrlichung verbietet.

Über dreitausend Figuren beleben in einem großen Menschheitsszenario den Übergang vom Mittelalter zur Neuzeit. Visionen, Apokalypse, Alltagsszenen, magische Landschaften und historisches Mysterienspiel verwirren und entzerren sich zu einem einzigartigen bizarren Panorama des menschlichen und himmlischen Kosmos. Unter dem Regenbogen, dem Symbol Thomas Müntzers für seinen „Bund der Auserwählten", erheben sich

Steinfigur in der Burgvorhalle

die Bauern ein letztes Mal. Der rebellische Pfaffe, ganz in schwarz gekleidet, hat die Fahne des Sieges schon gesenkt, die Niederlage zeichnet sich ab, über ihm stürzt Ikarus ab.

Tübke verbreitet keinen Geschichtsoptimismus, über der Schneelandschaft hinter dem Turmbau zu Babel zieht sich ein schwerer schwarzer Himmel zusammen; überall herrschen Vanitas und Verfall. Menschen werden aufs Rad geflochten, gehängt, sind zu Frondiensten gezwungen. Oben ist oben und unten ist unten – und vermischt sich doch auf diesem Panorama wie in einem unergründlichen Vexierspiegel.

14 Meter hoch ist das Panorama, der Durchmesser des Bildsaals beträgt 40 Meter, 123 Meter lang ist die gewebte Riesenleinwand, die Tübke zuerst mit fünf Helfern, zum Schluß mit nur noch einem Meistergesellen bemalte. Unbeeindruckt von jeder Kritik hat Werner Tübke 1700 Quadratmeter Leinwand in ikonographische Verschlüsselungen und Verzauberungen verwandelt. Lustvoll spielt er mit Zitaten aus der Renaissancemalerei, kein Gesetz ist ihm heilig.

Obwohl es sich hier um das offizielle Denkmal für den 450. Jahrestag der Schlacht bei Frankenhausen handelte, also die erste Revolution in Deutschland, war die frühere DDR-Staatsführung klug genug, dem Meister freie Hand zu lassen, ihn nicht einzuzwängen in angeblich historisch verbürgte Staatsräson. Tübke hat mit seinem Werk eine eigene Vision von gesellschaftlichem Umbruch gemalt.

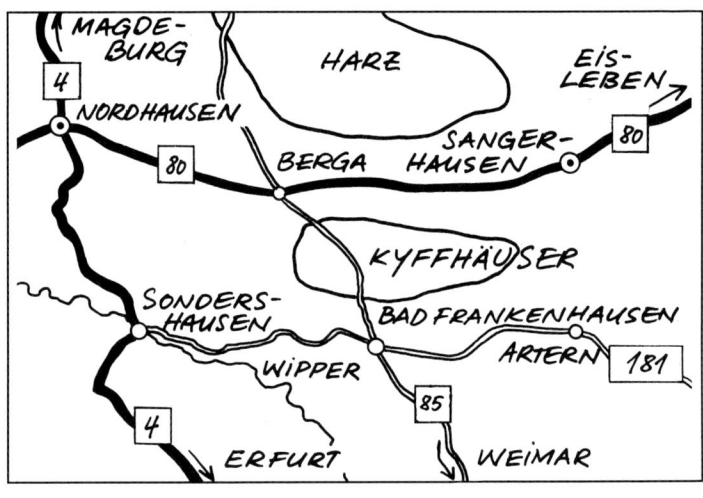

Landshut – die Narrentreppe in Burg Trausnitz

Am steilen Hang des Isar-Ufers über Landshut thront stolz die Burg Trausnitz. Auch sie trug ursprünglich den schutzverheissenden Namen „Landshut", Hüterin des Landes. Im 14. Jahrhundert wurde sie Regierungssitz der niederbayerischen Herzöge aus der Dynastie der Wittelsbacher. Erst im 16. Jahrhundert, als der herzogliche Hof städtische Residenzen bevorzugte, taufte man die Burg in „Trausnitz" um.

Der Übergang von der mittelalterlich-trutzigen Wehranlage zum Feudalschloß ist heute noch sichtbar. Je mehr man in das Innere der Burg vordringt, desto deutlicher tritt der festlich-repräsentative Charakter hervor. Ein Höhepunkt der Besichtigung ist der offene, im Stil einer italienischen Loggia gebaute Söller, von dem sich ein herrlicher Ausblick auf die Stadt Landshut eröffnet. Er diente nicht militärischen Zwecken, sondern dem geselligen Leben des herzoglichen Hofs.

Der heutige Besucher sieht jedoch nur noch Überreste der verschwenderischen Pracht, mit der die bayerischen Renaissancefürsten hier lebten. 1961 brannte der eigentliche Residenzteil fast vollständig aus – ein unbewachter Tauchsieder war die Ursache dieses verheerenden Brandes. Wie durch ein Wunder entgingen zwei Kostbarkeiten der Vernichtung: die noch aus dem Mittelal-

Blick auf Burg Trausnitz

ter stammende, durch ihre Intimität anrührende Schloßkapelle blieb von den Flammen verschont; beschädigt, aber insgesamt gerettet wurde die sogenannte „Narrentreppe", ein kultur- und theatergeschichtliches Denkmal, das in Europa nicht seinesgleichen findet.

Zwei Jahrhunderte lang, von 1550 bis 1750, feierte in ganz Europa eine Theaterkunst Triumphe, die nur durch den späteren Siegeszug der Oper übertroffen wurde: die Commedia dell'arte. Auf Marktplätzen und in Patrizierhäusern, an den vornehmsten Höfen von Paris bis Petersburg waren die italienischen Schauspieler mit ihren virtuosen Stegreifkomödien willkommene Gäste. Stärker als alle Sprachbarrieren erwies sich ihre artistische körperliche Beredtheit. Ihre burlesken, oft handgreiflichen Aktionen fanden Beifall, auch wo man den Witz der improvisierten italienischen Dialoge nicht verstand. Die Bemalung der Narrentreppe in Trausnitz ist das erste und einzige monumentale Zeugnis, das die Commedia dell'arte in ihrer frühen Ausprägung festhält. Noch sind nicht alle Masken aus ihrem buntscheckigen Ensemble versammelt: es fehlen prominente Gestalten wie Arlecchino, Scaramuccio, Pulcinella oder Brighella. Aber die urtümlichsten Gestalten der Commedia dell'arte finden sich hier, in hektischer Aktion dargestellt, wieder: der bauernschlaue Zanni aus Bergamo, der reiche und immer geprellte venezianische Kaufmann Pantalone, der angeberische spanische Capitano, der an die spanische Hegemonie im Italien des 16. Jahrhunderts erinnert, und verschiedene edle und weniger edle Frauenfiguren, um die es sich in der italienischen Komödie ebenso dreht wie ums liebe Geld.

Ursprünglich diente die Narrentreppe als Speise-Aufzug. Aus dem Erdgeschoß wurden über hölzerne Radwellen die Mahlzeiten für die herzoglichen Herrschaften in den Speisesaal im ersten Stockwerk hochgekurbelt. Die Ausmalung mit Commedia dell'arte-Motiven geschah 1575 durch den Paduaner Maler Alessandro Scalzi. Sie ist eine Erinnerung an die rauschenden Feste, die hier wenige Jahre zuvor – unter starker Beteiligung italienischer Komödianten - stattgefunden hatten.

Das fröhliche Treiben auf Burg Trausnitz erreichte seinen Höhepunkt unter der Herrschaft Herzog Wilhelms V. Seine Hochzeit mit Renata von Lothringen, die 1568 mit großem Prunk in München gefeiert wurde, bildete den Auftakt. Aus einer genauen Festbeschreibung weiß man, daß schon hier neben Turnieren und Bällen eine Commedia dell'arte-Aufführung zu den Glanzpunkten gehört hatte, allerdings noch von Laiendarstellern

Burg Trausnitz

dargeboten. Kein Geringerer als Orlando di Lasso, damals Hofkapellmeister in München und berühmter Komponist geistlicher Musik, war als umjubelter und viel belachter Pantalone aufgetreten. Mit dem Umzug nach Trausnitz wurde auch die italienische Komödie dort fortgesetzt, jetzt aber mit professionellen Schauspielern aus Italien.

Die entfesselte Theaterleidenschaft des jungen Herzogspaars währte nicht lange. Sieben Jahre nach der aufsehenerregenden Münchner Hochzeit war der Hof total verschuldet, Wilhelm V. erkrankte schwer, wurde zum Melancholiker und frommen Asketen – die Freudenfeste waren abrupt zu Ende. Die Erinnerung an die tollen Tage blieb jedoch noch lange Zeit bewahrt. Das Schlaf- und Arbeitszimmer Wilhelms V. war ausgeschmückt mit Motiven der Commedia dell'arte – sie wurden 1961 ein Raub der Flammen. Umso bedeutsamer ist, daß die Narrentreppe weitgehend erhalten blieb und restauriert werden konnte.

Geschickt ist in die gebaute Architektur der Treppe eine gemalte Scheinarchitektur eingefügt, in der sich die lebensgroßen

Figuren des Freskos bewegen. Es ist nicht geklärt, ob es sich um die Nachbildung einer zusammenhängenden Komödie handelt oder um die lose Reihung besonders beliebter Szenen. Unzweifelhaft ist dagegen, daß sich das Bildprogramm vom obersten Stock bis ins Erdgeschoß abwickelt. Eine Prologsprecherin eröffnet den Reigen. Es folgen Szenen, bei denen Pantalone und sein Diener Zanni Liebesbriefe hin- und herschmuggeln, Ständchen darbringen, sich gegenseitig prügeln, von den angebeteten Damen halb erhört und ganz entnervt werden, etwa wenn sie mit Feuerzangen oder erhobenen Nachttöpfen verjagt werden. Die äußerst bewegte, dramatisch-expressive Darstellung läßt erkennen, daß der Maler wirkliche Theateraufführungen vor Augen hatte und dadurch eine Szenenfolge von dramatischer Intensität zustande brachte. Das ungewöhnlich Theaterhafte setzt sich bis ins Schlußtableau fort. Das Schauspiel ist zu Ende. Glücklich vereint das wahre Liebespaar, deutlich erkennbar als Wilhelm V. und seine Gattin Renata, zwischen ihnen und sie zum Schlußapplaus bei den Händen haltend: der Zanni.

Der betrogene Betrüger und verunglückte Liebhaber Pantalone aber wird, vom Alkohol betäubt, von einem anderen Zanni abgeschleppt. Bei Schloßführungen kann man heute nur einen kurzen Blick in dieses ebenso kuriose wie furiose Treppenhaus werfen: für eine Besichtigung der ganzen „Narrentreppe" sind Sondergenehmigungen erforderlich – eine verständliche Maßnahme, nachdem weniger begabte Narrenhände die Wände verunziert haben.

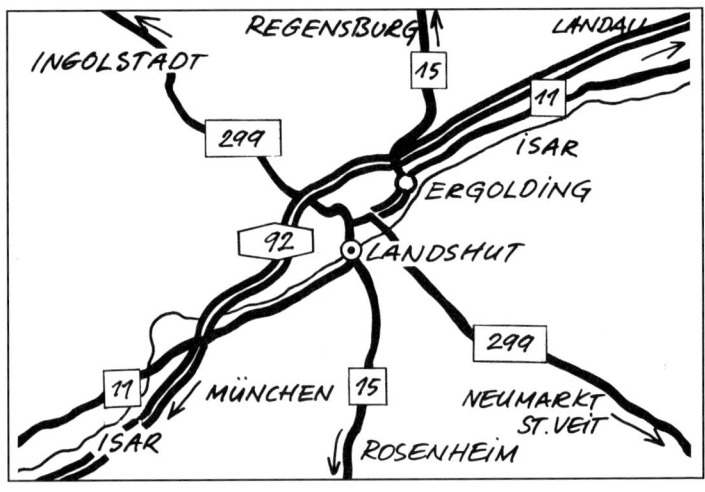

Leipzig – das Völkerschlachtdenkmal

„Das Denkmal muß draußen stehen, wo so viel Blut floß; es muß stehen, daß es ringsum von allen Straßen gesehen werden kann, auf welchem die verbündeten Heere zur blutigen Schlacht zogen. Soll es gesehen werden, so muß es groß und herrlich seyn, wie ein Koloß, eine Pyramide, ein Dom zu Köln." Mit diesen markigen Worten forderte Ernst Moritz Arndt 1814, ein Jahr nach der Völkerschlacht bei Leipzig, den Bau eines Mahnmals für das bis dahin größte Kriegsgemetzel der Welt. Fast eine halbe Million Soldaten kämpften zwischen dem 16. und 19. Oktober 1813 auf den Feldern und in den Vororten von Leipzig. Zum hundertsten Jahrestag, am 18. Oktober 1913, war es so weit, das Völkerschlachtdenkmal in Leipzig wurde eingeweiht.

Eine Postkarte zur Einweihung im Jahr 1913. Hundert Jahre nach der Völkerschlacht in Leipzig

In Anwesenheit Kaiser Wilhelms des II., des Königs von Sachsen, dessen Geschlecht vom einstmaligen Widersacher Napoleon die Königswürde erhalten hatte, in Anwesenheit nahezu sämtlicher deutscher Bundesfürsten und zahlreicher ausländischer Fürstlichkeiten wurde der Sieg über den französischen Eindringling mit militärischem Pomp gefeiert.

Im Ausstellungspavillon „Geschichte der Völkerschlacht 1813", direkt gegenüber dem Monument, sind diese historischen Szenen dokumentarisch belegt. Ein Jahr vor Ausbruch des Ersten Weltkriegs gab sich die wilhelminische Gesellschaft betont militärisch. Das deutsche Kaiserreich bestätigte und feierte mit der Enthüllung des 91 Meter hohen Kolossaldenkmals die Vorherrschaft Preußens im Reich. Mit dem Völkerschlachtdenkmal war nicht nur das höchste wilhelminische Monument errichtet, es war der größte Denkmalsbau in Europa in die Landschaft gebaut worden – ein riesiger Tortenaufsatz, heute bedrohlich geschwärzt durch Autoabgas – und Industrieemissionen.

Als erstes begrüßt den Besucher ein steinernes Schlachtengemälde: der Erzengel Michael steht mit dem Flammenschwert auf einem Streitwagen, zwei Adler heben sich links und rechts in die Lüfte, neue Kraft und Freiheit symbolisierend. Im Inneren betritt der Besucher zuerst die Krypta. Gedacht wird hier der gefallenen Freiheitskämpfer von 1813 – der deutschen freilich nur, nicht der russischen, österreichischen und schwedischen Verbündeten. Nicht also der gefallenen Gegner, unter denen auch viele deutsche Soldaten waren, denn alle Rheinbundstaaten kämpften auf Napoleons Seite, darunter auch die Sachsen. Sechzehn Krieger halten grimmig Totenwacht, postiert vor fünfeinhalb Meter

Gedenkstätte Napoleons am Völkerschlachtdenkmal

hohen Totenmasken. Wirklich gigantisch ist die erschreckend hohe Zahl der Opfer: 37.000 Franzosen, 22.605 Russen, 16.033 Preußen, 14.958 Österreicher und 178 Schweden. Über der Krypta erhebt sich die sogenannte Ruhmeshalle: vier Kolossalfiguren von neuneinhalb Metern Höhe und einem Gewicht von etwa vierhundert Tonnen versinnbildlichen „deutsche Opferfreudigkeit", „deutsche Glaubensstärke", „deutsche Tapferkeit", und ein weibliches Ungetüm steht für die „deutsche Volkskraft". Ob 'opferfreudig' oder 'glaubensstark', wenn diese Muskelmänner mit ihren gewaltigen Fäusten, deren Mittelfinger eine Länge von ein Meter zehn haben, zuschlagen könnten, dann wüchse kein Gras mehr. Außen an der Kuppel stehen zwölf auf ihr Schwert gestützte, 13 Meter hohe Kriegsfiguren. Sie sollen kriegerische Wachsamkeit und die Bereitschaft symbolisieren, jederzeit für die Freiheit der Deutschen zu kämpfen.

Gegen die grobianischen Kriegskerle des Monuments wirkt das Schlachtenpanorama im Ausstellungspavillon geradezu zierlich. Auf 25 Quadratmetern sind siebentausend Zinnfiguren in ihrer jeweiligen Kampfformation in der Völkerschlacht aufgereiht. Auf der Seite Napoleons kämpften 190.000 Soldaten; die verbündeten Russen, Österreicher und Preußen brachten 205.000 Soldaten ins Feld. Reichhaltig ist das Museum bestückt mit nationalistischen und heroischen Abbildungen dieses Völkergemetzels, dessen Jahrestag auch die frühere DDR-Regierung mit großem staatlichen Pomp als Beispiel für die russisch-deutsche Waffenbrüderschaft feierte.

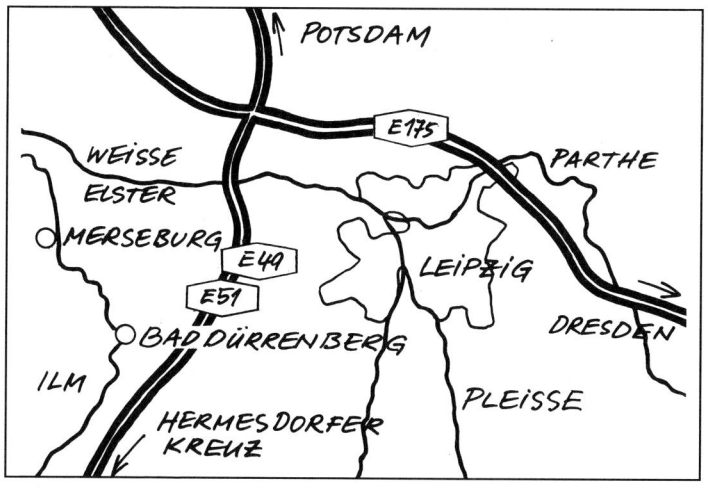

Lemgo – das Junkerhaus

Abseits und ein wenig versteckt vor den großen Strömen des Fremdenverkehrs hat sich in den letzten Jahren das Städtchen Lemgo in Westfalen, zwischen Weser und Teutoburger Wald gelegen, zu einem kleinen Juwel restaurierter Renaissancebaukunst herausgeputzt. Der frühere Reichtum der Stadt beruhte auf seiner Mitgliedschaft im Kaufmannsbund der Hanse. Im Jahr 1245 erhielt Lemgo – gegründet durch Bernhard II. zur Lippe – die Stadtrechte und trat 1295 der Hanse bei.

Das Junkerhaus in Lemgo

Zeugnis dieser ehemals blühenden Handelsstadt, die im Mittelalter am Kreuzungspunkt zweier wichtiger Handelswege lag, ist das historische Rathaus. Der Bau wurde im Jahre 1325 begonnen; in der Zeit der Renaissance erhielt er seine prächtige Ausstattung durch die Giebelgestaltung, den Laubengang und 1612 durch den sogenannten Apothekenerker.

Aber Lemgo besitzt noch eine andere Attraktion, die den Bürgern der Stadt lange Zeit unheimlich war, das Haus von Karl Junker in der Hamelner Straße am Ostausgang der Stadt. Der Besitzer Junker war Holzschnitzer, Architekt und Maler. Er lebte von 1850 bis 1912. In Lemgo absolvierte er eine Tischlerlehre, nach seiner Militärzeit studierte er in München Architektur und Malerei, erhielt den Rompreis für ein einjähriges Italienstipendium und kehrte nach seinem Italienaufenthalt in seine Geburtsstadt Lemgo zurück. Hier beunruhigte er seine Mitbürger durch ein eremitenhaft zurückgezogenes Leben. Junker gestaltete sich eine eigene Kunstwelt, die er vor den neugierigen Augen seiner Nachbarn verborgen hielt. Um das Jahr 1890 begann er, sich ein Haus zu bauen, wie es noch keines gegeben hatte: Innen wie außen ist das Gebäude ein labyrinthisches Schnitzwerk.

Es hat bei der Nachwelt manches Kopfzerbrechen ausgelöst. War hier ein Wahnsinniger am Werk oder ein besessener Künstler?

Innenansicht des Junkerhauses

Treppe im Junkerhaus

Hat sich hier ein eigenbrötlerischer Mensch in eine Höhlenlandschaft verkrochen oder hat Junker nur konsequent einen Stil- und Formwillen gelebt, der durchaus nicht so einzigartig ist, wie es auf den ersten Blick scheint, sondern seine Entsprechungen im Jugendstil der Jahrhundertwende findet?

    Das Haus ist ein skurriles Gesamtkunstwerk. Schon am Eingang empfängt den Besucher die eigentümliche Atmosphäre. Unter die Decke des Flurs hat Karl Junker ein freischwebendes Ranken-Gitterwerk gezogen, so daß man sich fragt, ob man sich in einem lieblichen Laubengang oder in einer finsteren Tropfsteinhöhle befindet. Jedes Möbelstück hat der Meister persönlich gestaltet. Bizarr sind die Formen der Stühle, die nicht gerade zum gemütlichen Verweilen einladen. Die Truhen und Schränke sind geschmückt mit allegorischen Ornamenten, die der heidnischen wie der christlichen Symbolik entnommen sind. Jeder einzelne Raum ist durchgestaltet bis hin zur Küche und zur Toilette mit dem Nachtstuhl. Junker, der bis zu seinem Lebensende 1912 an dem Haus gearbeitet hat, hat kein Fleckchen unbearbeitet gelassen; immer besessen vom horror vacui hat er das Haus und seine

Räume bis in die kleinsten Details nach seinen Bildvorstellungen umgestaltet und verzaubert. Selbst die Decken hat er mit Kassetten ausgestattet und mit Malereien verziert. Die reich verzierte Wendeltreppe des Hauses zieht sich in elegantem zweifachen Schwung bis in einen romantischen Dachturm mit allseitigem Ausblick. Ausgestellt sind in dem Haus auch Architekturmodelle, die Junker entwarf und die in ihrer Ornamentik und Raumgestaltung eine verblüffende Verwandtschaft mit den Jugendstil-Bauwerken des katalanischen Architekten Antonio Gaudi aufweisen. Junker arbeitete abgeschieden von der Welt und war doch verbunden mit den Kunstströmungen seiner Zeit.

Psychoanalytiker wie Kunstwissenschaftler haben jede auf ihre Weise versucht, das Werk zu deuten. Vielschichtigen Anlaß bieten dazu die aufgenagelten Zierleisten im Treppenaufgang und in den Fluren, die an totemistische Beschwörungen oder Fruchtbarkeits- bzw. Geisterkulte eingeborener Stämme erinnern, oder auch dämonischen Wasserspeiern des Mittelalters sinnverwandt erscheinen. Junker selbst hat sich jede Interpretation versagt, er hat gearbeitet und sein Werk vollendet. Die aufreizende Schweigsamkeit des Meisters hat die Legendenbildung um sein Werk aufblühen lassen. Man interpretierte es als das Werk eines verschmähten und wahnsinniggewordenen Liebhabers. Tatsächlich hatte Karl Junker im Vorgarten seines Hauses eine Tafel angebracht mit der Inschrift: „Zuflucht eines unglücklich Liebenden, von ihm erbaut und geschnitzt". Die Tafel ist heute nicht mehr zu sehen, sie wurde aus falscher Pietät entfernt.

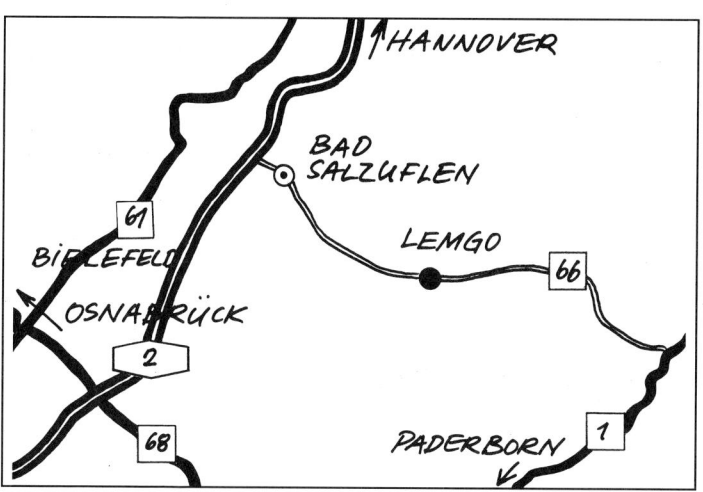

Lübeck – die Stiftsgänge

Lübeck wurde im Jahr 1143 gegründet. Der erfolgreiche Handel zu Wasser und zu Lande machte die Stadt schnell bekannt und die Bürger reich. Die geographische Lage ließ Lübeck zum Zentrum des Handels im Ostseeraum und zur Königin der 1358 gegründeten Hanse aufsteigen.

Noch heute zeugt die Backsteingotik der spätmittelalterlichen Kirchen (Dom, Marienkirche) vom Reichtum der Patrizierfamilien. Sie prägten die großzügige Architektur vieler Städte. Kommt er aber zum ersten Mal nach Lübeck, so fallen dem Besucher auch winzige Häuschen und Gärtchen auf, die sich als sogenannte Wohngänge neben stattlichen Häusern auftun.

Städtern aus Gegenden, in denen der Beton die im Zweiten Weltkrieg zerstörten mittelalterlichen Häuser ersetzt hat, erscheinen diese Wohngänge wie idyllische Träume von Individualität aus anderen Zeiten.

Für heute mag das so auch stimmen – tatsächlich aber verbirgt sich dahinter eine andere Geschichte, die einen Einblick in das Leben der Bevölkerung im Mittelalter gibt. Die winzige Stube, erst in jüngster Zeit durch Küche und Bad ergänzt, gibt heute einer Person, vielleicht auch mal zwei Leuten Wohnraum. Aber noch zu Beginn unseres Jahrhunderts sahen diese Wohngänge alles andere als idyllisch aus. Wo heute wunderschöne kleine Gärtchen das Gegenüber der putzigen Häuschen sind,

Die Fassade eines Patrizierhauses

Das Holstentor und die Marienkirche

standen früher ebenfalls Häuser. Der zwei Meter breite Gang dazwischen war Waschküche, Kinderspielplatz und Durchgang gleichermaßen. Hier wohnten kinderreiche Familien. Dreizehn Personen in einem solchen winzigen Haus waren keine Seltenheit. Es gab weder Wasser noch Elektrizität, es stank, und ständig lauerte Seuchengefahr. 1942 wurden unter anderem auch viele der Wohngänge durch Bomben zerstört.

Wahrscheinlich waren es schon die Kaufleute des späten dreizehnten und des vierzehnten Jahrhunderts, die auf den Rückseiten ihrer großen, schönen Häuser Bretterbuden für ihre Knechte und Mägde errichten ließen. Im Laufe der Zeit wurden die auch „Buden" genannten kleinen Fachwerkhäuser immer mehr.

Ein Garten nach dem anderen, ein Viehstall nach dem anderen mußte diesen Unterkünften weichen. Durch Verkauf und Grundstückseinteilungen gelangten die kleinen Gangbuden immer wieder in andere Hände. Der Zustand der Gänge hing von den finanziellen Verhältnissen der jeweiligen Besitzer und von ihrem Interesse für die Bewohner ab. Häuser mit dahinterliegenden Wohngängen wurden bald wegen der möglichen Mieteinnahmen zu begehrten Handelsobjekten. Immer mehr Wohngänge entstanden, immer mehr Buden wurden in die oft winzigen Grundstücke gequetscht. Es waren vor allem Handwerker und Tagelöhner, die sich in den Teilen der Stadt angesiedelt hatten, die an die Flüsse Wakenitz und Trave grenzten.

Lübeck, „die Liebliche", wurde von Kaufleuten gegründet, die hauptsächlich mit Salz, Heringen, Holzfässern und Bier handelten. Da der Handel zu Wasser und zu Lande betrieben wurde, gab es Fuhrwerke und Schiffe. Das Salz wurde in der Lüneburger Heide gewonnen, die Heringe in Skandinavien gefangen und mit dem Salz in den in Lübeck hergestellten Holzfässern eingesalzen und vertrieben. Handel und Handwerk wurden schnell sehr vielfältig. Wie alle Städte im Mittelalter war auch Lübeck mit einer Stadtmauer gesichert. Die Stadt hat sich von Anfang an gegen Gebietsansprüche entweder der dänischen Könige oder der deutschen Kaiser und Herzöge zur Wehr setzen müssen. Meerespiraten und Raubritter verunsicherten außerdem die Wege um und in die Stadt. Alles städtische Leben mußte sich innerhalb der Stadtmauern abspielen, auch wegen des Verbotes, den Raum vor den Toren der Stadt zu bebauen, und so konnte es nicht ausbleiben, daß es in der Stadt sehr bald sehr eng wurde. Um das Jahr 1500 hatte Lübeck 25.000 Einwohner. Im achtzehnten Jahrhundert waren es nur noch 17.000, von denen aber die meisten arm waren. Der Bau von Wohngängen ging also im Interesse der Armen mangels anderer Möglichkeiten weiter. Im Jahr 1709 gab es in Lübeck 164 Wohngänge. Die Stadt erließ ein Verbot, weiterhin solche Quartiere zu bauen. 1854 gab es in den Wohngängen endlich Gasbeleuchtung, Kanalisation erst ab 1873. Die hygienischen Zustände in den Gangvierteln hinderten manchen Einheimischen, je einen Fuß in die Gänge zu setzen. Sie hatten Angst, allein vom Durchgehen eine Krankheit zu bekom-

Stadtansicht von Lübeck

men. Heute wirkt das alles malerisch, idyllisch, ruhig und freundlich. Fragt man, was es mit diesen Wohngängen auf sich habe und wer denn hier wohne, bekommt man die stolze Antwort, das seien die ehemaligen Altersheime für die armen Witwen der Tagelöhner und Handwerker. Ja, die hätten da gewohnt. Und auch heute seien das oft Seniorenheime. Die Kaufleute hätten oft schon zu ihren Lebzeiten die Stiftung, das Altersheim als soziales Vermächtnis betrachtet und in ihrem Testament den Bau einer solchen Institution angeordnet.

Kaufleute und Ratsherren, die als Stifter auftraten, dachten auch daran, daß die armen Witwen nicht nur wohnen, sondern auch essen und trinken, sich kleiden und erhalten mußten, und hinterließen Geld dafür. Es gab lange Wartelisten, in die interessierte Witwen sich eintragen konnten, und zu gegebener Zeit kauften sie sich mit dem sogenannten Sterbegeld in die Stiftshöfe ein. Aber das Gros der Gangbewohner waren keine Witwen, sondern arme Bürger mit vielen Kindern.

In der Nacht vom 28. auf den 29. März 1942 wurde Lübeck zu einem Fünftel durch einen alliierten Luftangriff zerstört. Der Angriff war die Vergeltung für die vorherige Bombadierung der englischen Stadt Covertry. Ein Teil der Wohngänge und z. B. auch die Marienkirche wurden zerstört. Was erhalten geblieben ist, lohnt auch heute noch einen Besuch.

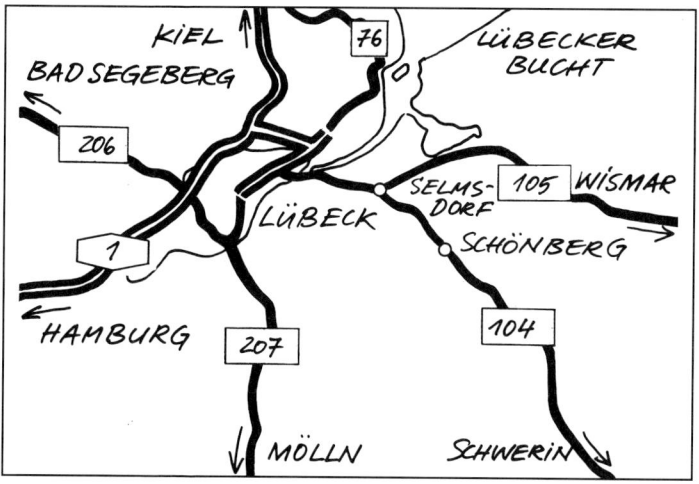

Maulbronn – das Kloster

Das ehemalige Zisterzienserkloster Maulbronn, 40 Kilometer nordwestlich von Stuttgart gelegen, ist die am vollständigsten erhaltene mittelalterliche Klosteranlage nördlich der Alpen. Fast vierhundert Jahre lang haben hier die Schüler des Bernhard von Clairvaux gelebt, gebetet und gearbeitet, allen Anstürmen begehrlicher Räuberbanden und Politiker standhaltend. Im 16. Jahrhundert ging das Kloster in protestantischen Besitz über. Seither ist es der Standort einer Eliteschule für den evangelischen Theologennachwuchs in Württemberg, der hier in ähnlicher Zurückgezogenheit und Disziplin lebt wie die katholischen Ordensbrüder früherer Jahrhunderte. Viele prominente Gelehrte und Dichter haben die Schule des evangelischen Stifts durchlaufen oder durchlitten. Der berühmte Mathematiker und Astronom Johannes Kepler war zwischen 1586 und 1589 Schüler in Maulbronn. Er schrieb: „1586 habe ich Hartes erduldet und wäre vor Sorge fast verzehrt worden." Friedrich Hölderlin fühlte sich als Maulbronner Seminarist in den Jahren 1786 bis 1788 wie in einem Gefängnis, von der Außenwelt und den Freuden des Lebens abgeschnitten. Und Hermann Hesse, der in seinem Roman „Unterm Rad" rückblickend recht liebevoll von Maulbronn erzählt, hatte nach einem halben Schuljahr genug. Er

Das ehemalige Zisterzienserkloster

ergriff die Flucht. Die Legende berichtet, daß die Zisterziensermönche, um den geeigneten Bauplatz für ihre Klostergründung zu finden, einen Maulesel frei laufen ließen. Wo er stehen bliebe, da sollte der Grundstein gelegt werden. Das Gottesurteil wurde der vernunftlosen Kreatur anvertraut. Unser Maulesel blieb in der idyllischen Talmulde, die das Salzach-Flüßchen durchzieht, stehen, um daraus zu saufen. So sei, erzählt die Legende, das Kloster Mulenbrunn – Maulbronn entstanden. Unbekümmert um den Wahrheitsgehalt haben spätere Künstler mit Pinsel und Meißel diese Geschichte im Kloster verewigt.

Die zwölf Mönche, die das Kloster gründeten, begannen ihr Werk mit dem Bau der Kirche, einer flachgedeckten romanischen Basilika. Im wesentlichen ist das Kircheninnere bis heute unverändert geblieben. Nur das gotische Netzgewölbe stammt aus dem

Die Brunnenkapelle

15. Jahrhundert. Der Blick durch das Kirchenschiff zum Chor wird durch zwei Dinge aufgehalten. Er wird hingelenkt auf den monumentalen Christus am Kreuz in der Mitte, eine 1473 entstandene Skulptur, die aus einem einzigen Stein herausgehauen ist. Und er wird aufgehalten durch eine quer gelagerte steinerne Barriere, die das Kirchenschiff in zwei Hälften teilt. Diese Chorschranke stammt aus der Frühzeit der Maulbronner Architektur und ist eine Rarität romanischer Baukunst. Wie überall in Maul-

bronn hat sich auch hier eine Legende eingenistet. Der Teufel selbst habe den Gründungsmönchen gedroht, sie und das ganze Kloster zu holen, wenn es erst fertig wäre. Er sei aber von den Mönchen dadurch überlistet worden, daß sie die Chorschranke absichtlich und für alle Zeiten unvollendet ließen.

Betrachtet man die Kirche – den ältesten Teil der Klosteranlage – nicht nur als kunsthistorisches Denkmal, so gibt sie auch Auskunft über das soziale Zusammenleben dieser ersten Zisterziensergemeinschaft auf deutschem Boden. Streng getrennt waren die Bezirke, in denen die eigentlichen Mönche, als geweihte Priester, und die Laienbrüder lebten und arbeiteten. Den Mönchen war der durch die steinerne Schranke abgeschirmte Chorraum vorbehalten, den Laienbrüdern die vordere Kirchenhälfte. Getrennt waren auch die Schlafsäle und Speiseräume der Geistlichkeit und ihrer weltlichen Helfer. Zwei Klassen von Gottesdienern also, sichtbar gemacht in Architektur. Selbst im Herrenrefektorium hatten die Mönche strengste Disziplin zu wahren. Sie mußten bei ihren Mahlzeiten einem Vorleser zuhören, der ihnen die Ordenregeln oder Bibeltexte vortrug und für

Der Faustturm

den ein eigene erhöhte Nische im Speisesaal errichtet war. Was die Kunsthistoriker bisher nicht erklären konnten, hat eine volkstümliche Anekdote längst in bilderreiche Sprache umgesetzt: der merkwürdige, von oben nach unten verlaufende Spalt in einer der Säulen sei für spärliche Weinzufuhr der essenden Mönche gedacht gewesen. Jeder habe nur einmal seine beiden Hände in das Rinnsal von Wein tauchen und abschlecken dürfen. Einst habe ein Mönch den Seufzer ausgestoßen: „Ach hätte ich doch nur elf Finger!", woraus der Name für den berühmten Maulbronner Weißwein „Elffinger" entstanden sei.

Entgegen dem Armutsgebot der Ordensautorität Bernhard von Clairvaux wurde Maulbronn im Laufe der Jahrhunderte zu einer der reichsten Abteien nicht nur des Schwabenlandes, sondern auch im übrigen Deutschland. Die gewaltigen Ausmaße des sogenannten Fruchtkastens, also des Getreidespeichers, die jeweils gesonderten Gebäude der Weinmeisterei, der Mühle, der Bäckerei, Schmiede, Wagnerei zeigen diesen Wohlstand an. Noch heute stehen drei der ehemals fünf Wehrtürme. Der bekannteste von ihnen ist der Faust-Turm, so genannt, weil 1516 der Alchimist Doktor Faustus hier gewohnt haben soll.

Das Geheimnisvolle der Maulbronner Klosteranlage besteht darin, daß es neben der Kirche ein zweites Zentrum besitzt: den Kreuzgang. Zu diesem Ort der Meditation und der absoluten Stille hatten nur die Mönche, nicht die Laienbrüder Zugang. Die Architekturentwicklung von der Romanik bis zur Blütezeit der Gotik läßt sich aus diesem Herzstück des Kosters erschließen.

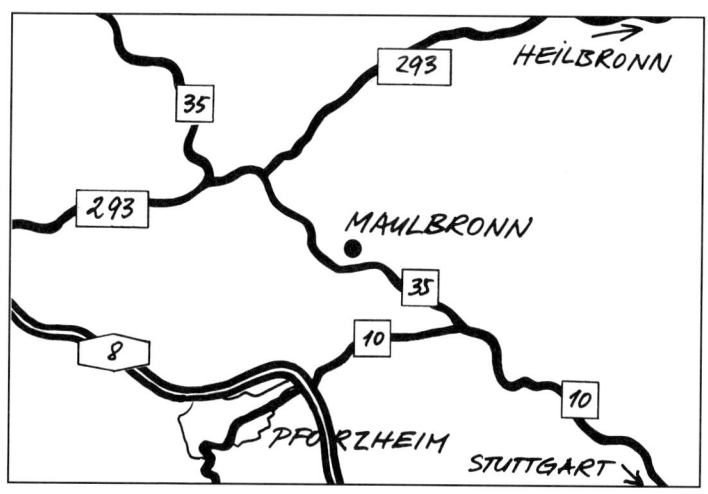

Meißen – die Albrechtsburg

Die Albrechtsburg, hoch über der Stadt Meißen gelegen, ist das Beispiel in der Geschichte der deutschen Burgarchitektur, das am besten veranschaulicht, wie sich der Übergang von der Burg- zur Schloßarchitektur vollzogen hat. Die Raumeinteilung folgt einem einheitlichen Plan, alle Räume eines jeden Stockwerks liegen in gleicher Höhe und haben sehr große Fenster. Die charakteristischen Verwinklungen der mittelalterlichen Burgarchitektur sind entfallen.

Aber noch aus einem anderen Grund wurde die Albrechtsburg berühmt. Zwischen ca. 1704 und 1864 standen hier, verteilt auf die vielen Keller und Gewölbe, die Brennöfen, in denen das berühmte Meißner Porzellan gebrannt wurde. Die Erfindung des europäischen Porzellans wird Johann Friedrich Böttger zugeschrieben. Andere Quellen wollen diese Ehre einem anderen zuteil werden lassen: Ehrenfried Walther von Tschirnhaus aus der Oberlausitz hatte einen entscheidenden Anteil an der Entwicklung der Porzellanherstellung. Im Jahr 1674 reist der 23jährige, wie damals für seinen Stand üblich, quer durch Europa. In Paris wird er durch den Physiker Huygens in die Akademie der Wissenschaften eingeführt und lernt den Philosophen Leibniz kennen. Tschirnhaus merkt bald, daß die Streitfrage der Herstellung des Porzellans die Gemüter auf das äußerste beschäftigt. Und er sieht,

Aussicht von der Burg

wieviel Geld der französische Minister Colbert in die Wissenschaften steckt, eifrigst darauf bedacht, mögliche Erkenntnisse ganz planmäßig seinem merkantilistischen System nutzbar zu machen.

Seit im Jahr 1498 der Seeweg nach Indien entdeckt worden war, wurde Porzellan aus China, bisher nur in Einzelstücken nach Europa gebracht, in großen Mengen eingeführt. Das Geheimnis der Herstellung aber behielten die Chinesen für sich. Wilde Mutmaßungen über die Zusammensetzung kursierten. Marco Polo hatte erzählt, Porzellan bestehe aus einer besonderen Erde, die man jahrzehntelang der Sonne und der Luft aussetzen müsse, um sie dann verarbeiten zu können. Andere wußten zu berichten, Porzellan bestehe aus Seemuscheln und Eierschalen, die man 80 bis 100 Jahre lang vergraben müsse, ehe man den Rohstoff für Porzellan erhielte. Ganze Schiffsladungen von Porzellan kamen in Europa an, begehrt vor allem bei den Fürsten, die es in ihren Schlössern sammelten. Als um die Mitte des siebzehnten Jahrhunderts die Mode des Kaffee- und Teetrinkens aufkam, wollte jeder, der es sich leisten konnte, Porzellan besitzen – kein Wunder, daß das Geheimnis der Porzellanherstellung viele ganz brennend interessierte.

Tschirnhaus experimentierte. So weit war man inzwischen gekommen, daß man nicht mehr an eine nur in China vorkommende Tonerde glaubte. Tschirnhaus vermutete, daß es auf eine ganz besondere Zusammensetzung der Tonerden ankam. Aber nicht nur die Zusammensetzung der chemischen Substanzen war damals ein Problem, sondern auch die Brennöfen. Auch in Paris gab es noch keine hochgradig feuerfesten Schmelzöfen für Tonerde. Aber man war im Besitz von großen eisernen Brennspiegeln. Mit ihrer Hilfe wurde die Sonne als Wärmequelle für chemische Schmelzversuche genutzt, die im Ofenfeuer nicht gelangen. Die Brennspiegel sind es fortan, die Tschirnhaus am meisten interessieren und beschäftigen. 1679, zurück in der Heimat, macht er sich sofort an die Arbeit. Mit Hilfe getriebener Kupferplatten und einer selbsterfundenen Poliermaschine baut er innerhalb von drei Monaten einen Spiegel, der dem Pariser Spiegel von Vilette gleichkommt, aber anstatt 20.000 Livres nur 12 Reichstaler kostet. 1682 baut er einen verbesserten Brennspiegel mit 1,625 Meter Durchmesser und 1,13 Meter Brennweite. Dieses Meisterstück verleibt der Kurfürst von Sachsen mit Stolz seiner Kunstkammer ein. Tschirnhaus geht an die Verbesserung von Teleskopen und Mikroskopen. Was dabei herauskommt, sind

Blick auf Meißen

Immer wieder Brennlinsen von erstaunlicher Größe und Kraft. Die Linsen, die er 1696/97 baut, haben ein so hohes Schmelzvermögen, daß die ganze gelehrte Welt in Aufruhr gerät. Erst durch die Erfindung der Knallgasflamme im neunzehnten Jahrhundert werden Tschirnhaus' Brennspiegel übertroffen. Am 27. Februar 1694 schreibt er an Leibniz, daß er sich mit dem Gedanken trage, „den Porcellan zu bereiten...".

1694 besteigt August der Starke Sachsens Thron. Tschirnhaus unterbreitet ihm den Plan, die Naturschätze des Landes auf Mineralien und Gestein zu untersuchen. Er richtet im Plauenschen Grunde an der Weißeritz eine Schleif- und Papiermühle ein und gründet in Dresden eine Glasmanufaktur, in der das kostbare Kristallglas hergestellt wird. In Glücksburg, wo es billiges Holz gibt, wird gewöhnliches Glas hergestellt. August, soeben zum polnischen König aufgestiegen, hat großen Bedarf an Spiegeln und Fensterglas. Er bestellt von Warschau aus.

In dieser Zeit trifft Tschirnhaus mit dem „Goldmacher des Königs" zusammen, Johann Friedrich Böttger, der, streng bewacht, in Dresden experimentiert, laboriert und fingiert und doch kein Gold machen kann. Er flieht am 20. Juni 1703 aus Dresden, geht über die böhmische Grenze und gelangt über Prag und Wien nach Enß, ein, wie er hofft, unauffindbarer kleiner Ort. Seine Hoffnung trügt: Die Verfolger finden ihn und bringen ihn nach Dresden zurück. Böttger tritt in den Hungerstreik. Aber nichts hilft. Er muß und soll Gold machen. Von der Langmut des

Königs ist die Rede, und davon, daß sie schließlich zu Ende sei. Am 29. September 1705 wird ihm eine Art Prozeß gemacht. Danach wird er auf die Albrechtsburg gebracht, wo der „die bisherigen Labores alldorten, weil alles steinern und feuerfrey, sehr füglich continuieren" könne. Er kommt in Einzelhaft, bewohnt ein Zimmer, in dem er arbeiten, schlafen und essen muß. Aber an die 36 Öfen stehen ihm und seinen Arbeitern zur Verfügung. Man hat nur lutherische Arbeiter ausgesucht, weil katholische unter Umständen in der Ohrenbeichte etwas verraten könnten.

Tschirnhaus wird zur Aufsicht Böttgers befohlen, aber er arbeitet auch mit ihm zusammen, beschafft alles, was für die Versuche nötig ist. Bei den Versuchen der beiden in der Albrechtsburg gelingt schließlich die Herstellung eines roten Porzellans. 1708 stirbt Tschirnhaus, und kurz darauf findet Böttger, der die gemeinsame Arbeit fortführt, auch die Zusammensetzung des weißen Porzellans: 1710 wird die erste Meißner Porzellanmanufaktur gegründet.

Der Besucher kann heute in der Albrechtsburg, dem bedeutendsten Profanbau der Spätgotik, und im nahegelegenen Museum der Staatlichen Porzellanmanufaktur Meißen die Lebens- und Schaffensgeschichte von Walther von Tschirnhaus und Johann Friedrich Böttger kennenlernen.

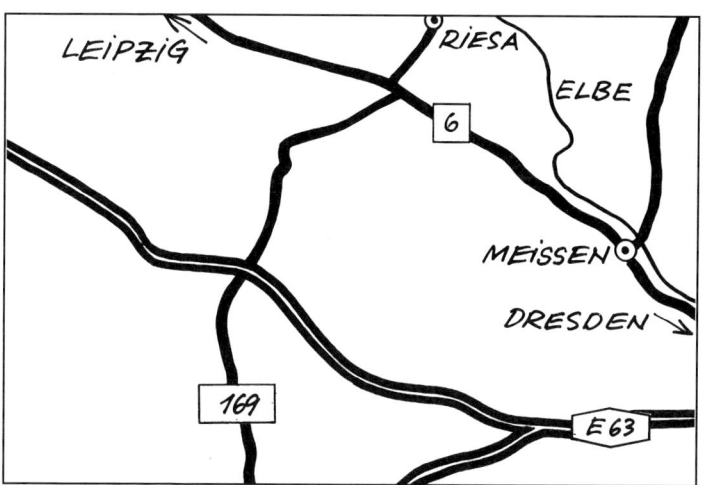

Müngsten – die Brücke zwischen Remscheid und Solingen

Die Eröffnung der ersten deutschen Eisenbahnlinie zwischen Nürnberg und Fürth im Jahre 1835 war ein vielumjubeltes Ereignis. Fünfzig Jahre später gehörten Dampfroß und Schienenstränge jedoch schon zum Alltagsbild der Industrieländer. So hätte niemand zu prophezeien gewagt, daß der Bau einer nur 8 Kilometer langen Eisenbahnstrecke noch einmal zu einer technischen Sensation werden würde. Es war auch keine gewöhnliche Konstruktion, die am 15. Juli 1897 eingeweiht wurde – die Kaiser-Wilhelm-Brücke, wie sie ehemals hieß; die Müngstener Brücke, wie sie seit 1918 genannt wird.

Der nahe gelegenen kleinen Ortschaft Müngsten verdankt sie ihren heutigen Namen, ihre Entstehung dem Wirtschaftsaufschwung der Gründerjahre. Die beiden emporschießenden Industriestädte Remscheid und Solingen im Bergischen Land lagen nur wenige Kilometer voneinander entfernt – und waren doch getrennt durch das 100 Meter tief einschneidende Flußtal der Wupper. Nach langwierigen Verhandlungen entschlossen sich die beiden Städte, den Baugrund für das Brückenprojekt zu kaufen und damit den Weg für das gewagte Unternehmen freizumachen.

Vier Jahre waren nötig, um diese damals größte Eisenbahnbrücke Europas zu bauen, mit einer Gesamtlänge von 494

Die Müngstener Brücke

Die Gedenktafel an der Brücke

Metern und einer Spannweite von 170 Metern über der Wupper. Der Scheitelpunkt des Bogens liegt 101 Meter über dem Fluß, und noch einmal sechs Meter darüber verläuft der Schienenstrang.

Zwei technische Innovationen machten die Konstruktion möglich: zum ersten Mal wurde eine Brücke dieser Größenordnung ohne Gerüst gebaut. Freitragend wurde ein Stück an das andere gesetzt, so wie man heute Spannbetonbrücken baut. Der Mittelbogen wurde zum Schluß eingefügt; ein gefährliches Unterfangen, zumal es zur Zeit der Herbststürme und im Winter realisiert wurde. Sechs Menschen kamen bei den Bauarbeiten ums Leben.

Die zweite Innovation betraf das Material, aus dem diese gewaltige Brücke erbaut wurde. Zu Hilfe genommen wurde ein neues Stahlgewinnungsverfahren, das die alte Gußeisenproduktion ablöste. Durch Einführung von Sauerstoff in das flüssige Roheisen verbrannten die Kohlenstoffverunreinigungen schneller, und gewonnen wurde ein elastischer, zu schmiedender Stahl, der wesentlich höhere Belastungen aushielt. Erst die Massenproduktion dieses Flußstahls, wie man ihn damals nannte, ermöglichte den Bau der Brücke. 5000 Tonnen des von Krupp gelieferten Materials wurden benötigt. Um Dehnungsschwankungen auszugleichen, setzte man neben festverschraubten Teilen auch in Fugen gleitende Schrauben ein. Unter den rund 1 Million geschlagenen Nieten soll eine aus purem Gold sein, die aber noch niemand gefunden hat. Mit der für das wilhelminische Deutschland charakteristischen Geltungssucht bezeichnete man die Brücke bei Müngsten als das „größte bautechnische Wunder der Gegenwart". Man verglich sie mit dem Eiffelturm in Paris und fand sie noch imposanter als das französische Konkurrenzbeispiel. Doch nur die gigantischen Ausmaße lassen eine solche Parallele zu. Weder mit der Originalität noch mit der Eleganz des Eiffelturms kann die Brücke im Bergischen Land konkurrieren. Sie ist kein autonomes Kunstwerk eines Einzelnen, sondern ein Zweckbau, den ein Firmenkonsortium unter Führung der Nürnberger Maschinenbau Aktiengesellschaft, MAN, plante und durchführte. Auch ein anderer, seinerzeit oft angestellter Vergleich hinkt. Die Müngstener Brücke, so hieß es, sei das Vorbild für die weitgespannte Fußgängerbrücke über den Niagarafall in den Vereinigten Staaten gewesen. Tatsache ist, daß die amerikanische Brückenkonstruktion unabhängig von der deutschen entstand und nur ein Jahr später fertig wurde.

Am 22. März 1897 wurde Richtfest gefeiert, am 15. Juli war die feierliche Einweihung. Kaiser Wilhelm II., dem die Brücke gewidmet war, konnte selbst nicht erscheinen; er schickte seinen Neffen Prinz Friedrich Leopold von Preußen. In überdimensionalen, 30 Meter langen Schriftzügen, trug die Brücke auf beiden Seiten seinen Namen, bis die Schrifttafeln, nach der Abdankung Wilhelms II., sang- und klanglos abmontiert wurden. Fast ein Jahrhundert nach ihrer Einweihung ist die Müngstener Brücke immer noch ein Wahrzeichen des Bergischen Landes, ein beliebter Ausflugsort, zu dem viele Menschen noch genauso gerne hinpilgern wie zu Kaiser Wilhelms Zeiten.

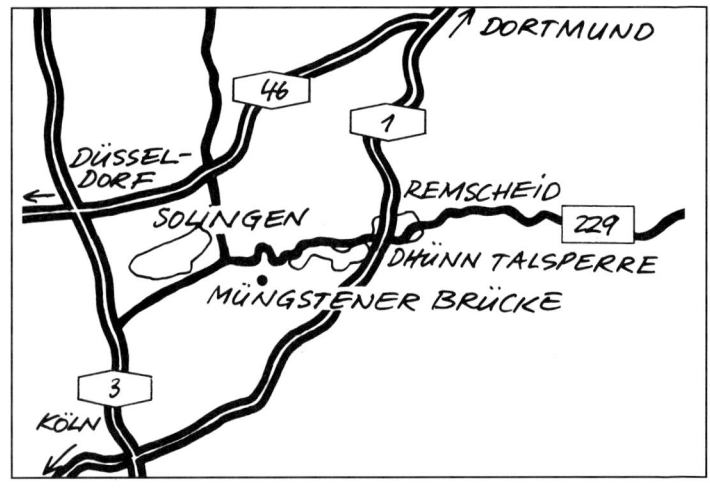

Münster – die Hochburg der Wiedertäufer

Der Beginn der Neuzeit war erfüllt von apokalyptischen Visionen, von ungewöhnlichen Naturereignissen, seltenen Himmelsbewegungen und ekstatischen Erscheinungen. Die alte Welt war ins Wanken geraten, es gärte und brodelte. 1525 waren die revolutionären Bauern unter Thomas Müntzer vernichtend geschlagen worden, und dennoch erhob sich im westfälischen Münster eine neue Protestbewegung, die Wiedertäufer. In den Jahren 1533 bis 1535 versuchten sie, ihre Hochburg Münster in einen Gottesstaat, ein Neues Jerusalem, zu verwandeln. Der Versuch, die Stadt nach dem Vorbild der urchristlichen Apostelgemeinde zu formen, endete in einem grauenvollen Blutgericht durch die weltlichen und geistlichen Herren. Noch heute sind die Mahnmale dieser

Die Lambertikirche

Der Turm mit den Wiedertäuferkäfigen

Vergeltung in Münster offen zur Schau gestellt: drei Käfige am Turm der Stadtkirche St. Lamberti.

Im Sommer 1535 eroberten die verbündeten Truppen des Bischofs von Münster die Stadt, Tausende fanden den Tod, drei führende Wiedertäufer wurden festgenommen und nach einem sechsmonatigen „peinlichen" Verhör am 22. Januar 1536 öffentlich vor dem Rathaus hingerichtet: der Prophet und König des neuen Jerusalem, Jan van Leiden, der Tuchhändler Bernd Knipperdolling und der täuferische Prädikant Bernd Krechting. Im Stadtmuseum von Münster sind nicht nur Kupferstiche dieser Personen zu sehen; verschiedene Illustrationen zeigen ihre Hinrichtung, und hier sind auch die vier Zangen aufbewahrt, mit denen die drei zu Tode gefoltert wurden. Was danach geschah, darüber berichtet ein zeitgenössisches Flugblatt: „Es standen drei Körbe bereit; in deren einen haben sie den toten König mit eisernen Bändern um Hals und Arme gefesselt. So hat das Volk ihn im Korb den Turm hinaufziehen und hoch an einem Haken anbinden müssen. In der gleichen Weise hat man auch Knipperdolling und Krechting in die zwei anderen Eisenkörbe angebunden.

Knipperdolling auf der linken, Krechting auf der rechten Seite des Königs, und sind etwa eine Mannslänge niedriger als der König von der Bevölkerung hinaufgezogen und an zwei eiserne Haken gehängt worden."

Der Name „Wiedertäufer" bezieht sich auf ihre Überzeugung, daß nur die Erwachsenentaufe rechtens sei, erst der Erwachsene könne sich aus eigener Entscheidung zum Glauben bekennen. Anhänger dieser neuen Bewegung war nicht nur die Stadtarmut, erstaunlich hoch war auch die Zahl wohlhabender Bürger, und sogar Adelige schlossen sich ihr an. Die Täufer bildeten Brüdergemeinden, die von einem demokratischen Grundzug bestimmt waren: in freier Wahl wurden sogenannte Älteste bestimmt. Die Priesterherrschaft lehnten sie ab, ihre Ältesten waren Laien. Selbst Martin Luther oder auch den Schweizer Reformator Ulrich Zwingli betrachteten sie als neue Päpste, die den Glauben mit der weltlichen Macht versöhnen wollten. Sie selbst sahen als Grundlage ihres Lebens das Wort Gottes an, aber nicht dogmatisch ausgelegt durch Priester und gelehrte Theologen. Im Kern war ihr Gesellschaftsbild von kommunistisch-utopischen Zügen geprägt: Sie führten die Gütergemeinschaft ein, die früheren Besitzverhältnisse wurden aufgehoben; alte Schuldscheine und Rechtsbücher wurden verbrannt.

Bildliche Darstellungen von Glaubensinhalten und auch die Symbole der alten Herrschaft mußten von ihrem Sockel gestürzt werden. Das Stadtmuseum zeigt die Folgen des Bildertums: Zerstörte Gesichter, geköpfte Figuren, abgeschlagene Gliedmaßen.

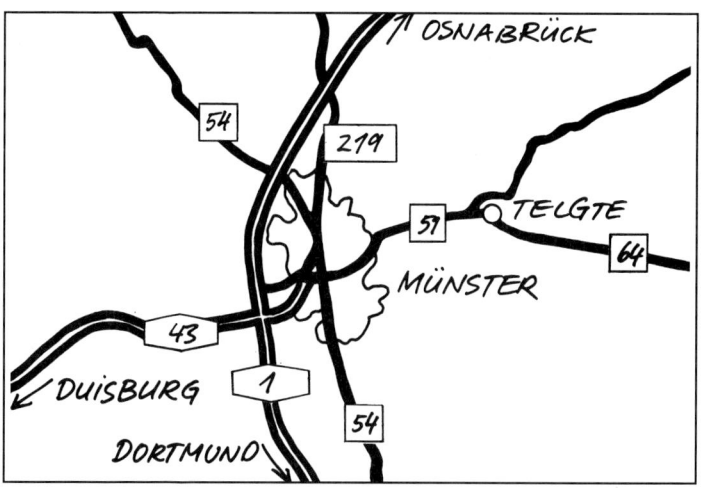

Neuharlingersiel – das Buddelschiffmuseum

Die ostfriesische Ortschaft Neuharlingersiel, früher ein kleines Fischerdorf, ist heute ein viel besuchter Fremdenverkehrsort an der Nordsee, der versucht, sich einen mondänen Anstrich zu geben. Ein bedeutender Seehafen ist Neuharlingersiel nie gewesen. Dennoch ist hier eine gewaltige Flotte vor Anker gegangen, mit der nur wenige Küstenstädte der Welt konkurrieren können. Die merkwürdige Armada befindet sich im Souterrain eines Hotels und trägt den Titel „Buddelschiff Museum".

Buddelschiffe – Schiffe in Flaschen – herzustellen, das war ursprünglich eine Freizeitbeschäftigung von Seeleuten, die auf ihren endlosen Fahrten gegen die Langeweile ankämpften, ein Hobby von Matrosen, die keine Arbeit hatten oder die auf dem Altenteil gelandet waren. Eine leere Flasche ließ sich auf diese Weise leicht in eine volle verwandeln, denn Hafenkneipen nahmen die kuriosen Stücke gern in Zahlung. Die Miniaturmodelle bildeten fast immer die Schiffe nach, auf denen ihre Hersteller selbst gefahren waren.

Die über hundert Buddelschiffe, die das kleine Museum in Neuharlingersiel zeigt, sind Privatbesitz. Zusammengetragen hat sie ein Kaufmann aus dem Ruhrgebiet, Helmut Landmann, der schon früh sein Herz für die Seefahrt entdeckte. „Vom Einbaum bis zum Luxusliner" ist die Devise, nach der er seine Ausstellung aufgebaut hat. Das ehrgeizige Vorhaben, die wichtigsten Typen des Schiffbaus aller Zeiten und Länder zu zeigen, überschritt

„Chinesische Dschunke", um 1930

Innenansicht des Buddelschiffmuseums

natürlich die Grenzen, die den alten Seebären und ihrem einfachen Kunsthandwerk gesetzt waren. Siebzig Prozent der Stücke, die das Museum zeigt, sind in Auftrag gegebene Modelle – von den antiken Handels- und Kriegsgaleeren bis zur Hansekogge, vom Wikingerboot bis zum Fünfmastvollschiff des späten 19. Jahrhunderts. Der Buddelschiffbauer, der diese Kunststücke vollbrachte, heißt Jonny Reinert und stammt, wie Helmut Landmann, aus dem Ruhrgebiet, aus Herne.

Natürlich gibt er das Geheimnis nicht preis, wie die stolzen Schiffe durch den engen Flaschenhals in die Flasche gelangen. So viel ist sicher: der alte Zugmechanismus, mit dem man die Schiffe erst in die Flaschen bugsierte und dann die umgekippten Masten an Fäden hochzurrte, ist längst durch raffiniertere Methoden ersetzt. Die Schiffe werden erst komplett zusammengebaut, dann auseinandergenommen und mit Spezialwerkzeugen im Inneren der Flasche neu zusammengesetzt.

Unter den Berühmtheiten der Seefahrt glänzt die Santa Maria, in einer 12-Liter-Ballonflasche nachgebildet mit einer weiteren Karavelle der kleinen Flotte, die Christoph Columbus bei seiner Entdeckungsreise nach Amerika kommandierte. Und ebenso wenig fehlt das berühmte Flaggschiff „Her Majesty's Victory", auf deren Deck Admiral Nelson starb, nachdem er die siegreiche Seeschlacht bei Trafalgar geschlagen hatte. Das Originalschiff wird als englisches Nationalheiligtum im Trockendock von Portsmouth aufbewahrt. Der deutsche Buddelschiffbauer, der den Geist Nelsons in der Flasche beschwor, malte sogar die Blut-

Ein Buddelschiff in der Flasche

lache auf, in der der berühmte Admiral aus dem Leben schied. Neben dem blutigen Ernst kommen die komischen Aspekte nicht zu kurz. Eine nur geringere Lebensdauer hatte die nach ihrem Konstrukteur benannte „Ernest Bazin", ein Walzenschiff ohne Schiffskörper, das nur aus einem Deck und sechs riesigen Wasserrädern bestand und sich mit Dampfkraft fortbewegte; allerdings nicht mit den erwarteten zwanzig, sondern mit nur sieben Knoten Geschwindigkeit. Schon 1898, zwei Jahre nach dem Stapellauf, wurde es verschrottet.

Der doppelte Reiz, der im lockenden Abenteuer der Seefahrt und in der Entwicklung neuer Schiffbau-Techniken liegt, wird in einigen der gläsernen Schiffssarkophage besonders lebendig. Sie zeigen, wie eng Rekordsucht und Katastrophen oft beieinanderlagen. Wie ein urweltliches Monstrum erscheint das erste praktisch erprobte U-Boot, das 1850 von dem bayerischen Unteroffizier Wilhelm Bauer konstruiert wurde und beim dritten Probelauf versank. Das Buddelschiff gibt einen Blick in das Innere dieses Fossils der Kriegsmarine frei; es wurde über zwei Treträder mit Menschenkraft betrieben und konnte nur 10 Meter tauchen. Gerade das rettete aber den Insassen beim Tauchversuch das Leben.

Ein besonders kunstvolles Beispiel mit dramatischem Hintergrund bietet der italienische Bergungsdampfer „Artiglio", der vor dem Zweiten Weltkrieg auf die Bergung von Schiffswracks spezialisiert war und 1922 aus einem gesunkenen Frachter einen Goldschatz im Wert von 1 Million Pfund Sterling aus der Tiefe holte. Bergungsschiff samt Wrack und Taucher sind in dieser 15-Liter-Ballonflasche gleichzeitig zu bewundern. Der Star des Buddelschiff-Ensembles, jedenfalls aus der Sicht der etwa 60.000 Menschen, die jährlich das Museum besuchen, ist die Titanic. In einer gewaltigen, 50 Liter fassenden Laborflasche ist naturgetreu wiedergegeben, wie sich diese größte Katastrophe der modernen Passagierschiffahrt am 14. April 1912 zugetragen hat. Man sieht den schon gesunkenen Bug unter Wasser, treibende Eisberge, um ihr Leben schwimmende Menschen, auf der Steuerbordseite das Leck im Schiffsrumpf und sogar die auf dem Achterdeck bis zum Untergang weiterspielende Bordkapelle.

Tritt man aus der Enge des Buddelschiffmuseums wieder ins Freie und an die Hafenmole, so begreift man jetzt auch als hartgesottene Landratte, daß in den Augen der Seeleute jedes Schiff ein Individuum für sich ist und seinen eigenen Charakter hat, der sich in den liebevollen Miniaturen der Buddelschiffbauer offenbart.

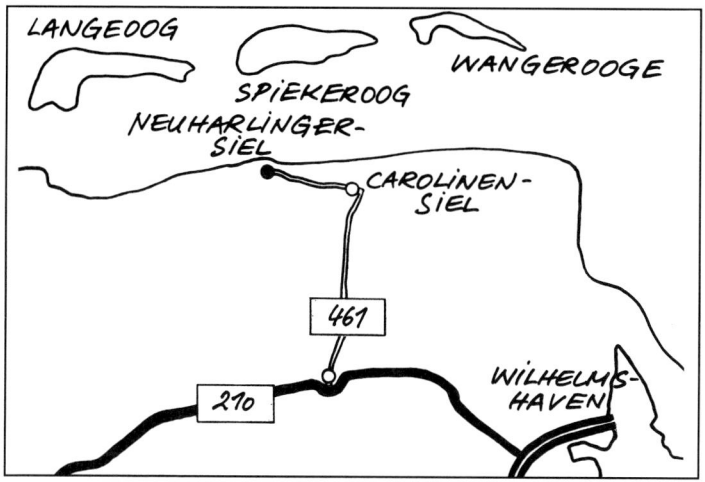

Neuruppin – die gotische Backsteinkirche

Nordwestlich von Berlin, am Ruppiner See, liegt die kleine, ein wenig unscheinbare Kreisstadt Neuruppin mitten in der Ruppiner Schweiz, umgeben von Getreidefeldern, Kiefernwaldinseln, Heideflächen und Seen. Die Gründung Neuruppins geht zurück auf die Grafen von Arnstein. Im sechzehnten Jahrhundert übernahmen die Kurfürsten von Brandenburg die Stadt. Nach einem Brand im Jahr 1787 wurde sie 1796 klassizistisch wiederaufgebaut. Vom Brand verschont blieb die gotische Backsteinkirche des 1246 gegründeten Dominikanerklosters, die später von Karl Friedrich Schinkel restauriert wurde.

In der Kirche von Neuruppin ist im hinteren rechten Teil, sehr hoch, kaum zu sehen, auf einer backsteinroten Strebe eine schwarze Ratte aufgemalt, die von einer schwarzen Maus verfolgt

Der Dom mit der äußeren Klostermauer

Das Deckengewölbe im Dom: Die Maus jagt die Ratte

wird. Einer der katholischen Priester soll während der Wirrnisse der Reformationskriege gesagt haben: „Eher jagen in Zukunft die Mäuse die Ratten, als daß diese Kirche evangelisch wird." Der freundliche Herr, der heute in der ehemaligen Dominikanerkirche den Besuchern die Ratte und die Maus zeigt, formuliert die Legende noch ein bißchen anders. So soll der lutherische Priester zum katholischen gesagt haben, die katholische Ratte vertreibe er schon noch aus der Kirche. Worauf der katholische geantwortet haben soll: „Eher werden die Mäuse Ratten jagen, als daß diese Kirche evangelisch wird." Obwohl bis heute kein Fall bekannt geworden ist, wo Mäuse Ratten gejagt hätten – die Kirche ist trotzdem lutherisch.

Das Gotteshaus, nahe am See gelegen, von Gras umwachsen und von hohen Bäumen umstanden, wirkt sehr lang und sehr hoch. Dieser Eindruck entsteht durch den außergewöhnlich langgestreckten Chor, der zusammen mit dem Mittelschiff ein ungewöhnlich fliehendes Raumganzes ergibt. Unterstützt wird diese Wirkung noch durch die schmalen Seitenschiffe und die Rundpfeiler mit den jeweils vier Diensten, die unter hessisch-westfälischem Einfluß entstanden sind.

Unter einem Dienst versteht man eine in der Gotik ausgeprägte Viertel-, Halb- oder Dreiviertelsäule an einem Pfeiler, mit optischer oder zum Teil auch statischer Funktion für Gurte und Gewölberippen. Gurte und Gewölberippen sind durch Putz oder anders verstärkte Bogenführungen, die mit den dazwischen liegenden Feldern ein Kreuzrippengewölbe bilden. Sie dienen auch der optischen Trennung von Raumabschnitten. Die Sandsteinfigur in der Altarverkleidung aus dem Anfang des fünfzehnten

Hauptaltar im Dom

Jahrhunderts soll den Klostergründer Gebhard von Arnstein darstellen. Tatsächlich gab es aber zwei Gründer: Gebhard von Arnstein, der den Grund und Boden für die Erbauung des Klosters zur Verfügung gestellt hat, und den Dominikaner-Prediger und Bettelmönch Bruder Wichmann.

Ackerbürger (Bauern), Tuchmacher und Bierbrauer sollen in Neuruppin gelebt haben. Die Legende sagt nichts darüber aus, ob die Gründung des Klosters der Abschluß der Christianisierung in dieser Gegend war. Sie kennt aber Geschichten, die noch im achtzehnten Jahrhundert schriftlich weitererzählt wurden. Ein Beispiel:

Im dreizehnten Jahrhundert war die Stadt auf der Landseite durch einen dreifachen Wall gesichert. Zum See hin wurde sie durch die weitläufige Klosteranlage geschützt, die ihrerseits Teil einer Schutzmauer war, die bis zum See hinunterreichte. Die Mönche konnten durch eine kleine, verborgene Tür an den See gelangen. Eines Tages nun, als im Kloster unverhofft Gäste angekommen waren, schickte der Prior den Bruder Koch mit dem Auftrag fort, „dem größten Hecht zu befehlen, auf der Stelle sich einzufinden, um in der Pfanne seine Pflicht zu erfüllen, Speise für die unerwarteten Gäste zu sein." Angeblich brauchte der Bruder Koch daraufhin nur noch den Arm ins Wasser zu halten, und schon glitt ihm ein Riesenhecht in die Hand und ließ sich anstandslos in die Küche tragen und in die Pfanne legen. Von der Klosteranlage ist heute nur noch die Kirche übrig – das Seeufer ist zur Promenade ausgebaut worden.

Neuruppin ist die Geburtsstadt zweier berühmter Männer – Architekt der eine, Dichter und Kritiker der andere. Auf dem Kirchplatz hinter St. Marien steht das Denkmal Karl Friedrich Schinkels, des großen Baumeisters, der in ganz Preußen seine Spuren hinterlassen hat. 1781 im Pfarrhaus von Neuruppin geboren, erlebte er sowohl den Brand der Stadt im Jahr 1787, dem damals fast alle Häuser zum Opfer fielen, als auch ihren Wiederaufbau. Vielleicht hatten die Erlebnisse in seiner Kindheit einen Einfluß darauf, daß Schinkel einer der berühmtesten Baumeister des deutschen Klassizismus wurde. Im Jahr 1830 wurde der Innenraum der Kirche des ehemaligen Dominikanerklosters – mit der von der Maus gejagten Ratte – nach Plänen von Karl Friedrich Schinkel restauriert.

Auch der Dichter und Autor der berühmten „Wanderungen durch die Mark Brandenburg", Theodor Fontane, ist ein Sohn der Stadt Neuruppin. Wie für viele seiner Kollegen, so muß auch für Theodor Fontane der Anfang seiner Karriere als Schriftsteller schwer gewesen sein. Seine später weltbekannten „Wanderungen" liegen heute im Heimatmuseum der Stadt. Nicht hier geboren, aber durch sein Erstlingswerk, den Apollotempel, hier vertreten ist der Architekt Georg Wenzeslaus von Knobelsdorff, der zwischen 1745 und 1747 nach den Vorstellungen von Friedrich dem Zweiten, König von Preußen, das Schloß Sanssouci erbaute.

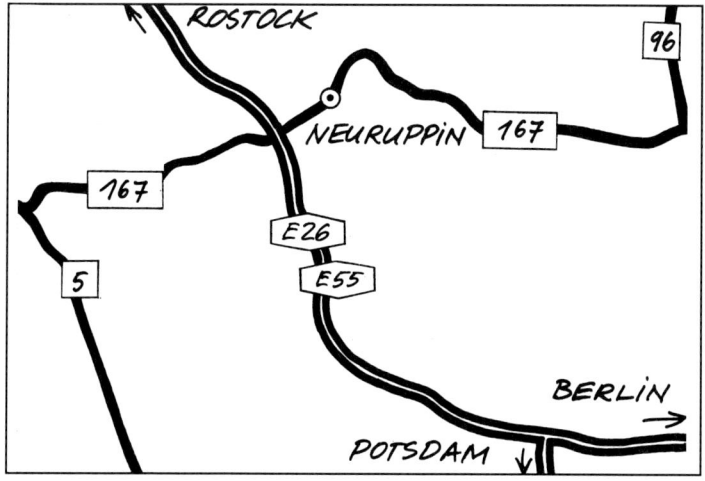

Niederfinow – das Schiffshebewerk

Nordöstlich von Berlin in der Nähe von Eberswalde-Finow, nicht weit von der polnischen Grenze entfernt, ragt am Nordwestrand des Nieder-Oderbruchs als Zeuge neuzeitlicher Technik das Schiffshebewerk Niederfinow empor.

Es dient zur Überwindung des Höhenunterschiedes von 36 Metern im Oder-Havel-Kanal zwischen dem höhergelegenen Abschnitt von der Schleuse Lehnitz bei Oranienburg bis zum

Einfahrt im Schiffhebewerk

Abstieg Niederfinow und dem Kanalabschnitt Niederfinow-Oderberg-Hohensaaten. Bei Eberswalde überquert der Oder-Havel-Kanal auf einer Brücke die Eisenbahnlinie Eberswalde-Angermünde. Das Schiffshebewerk Niederfinow stand auf der Zentralen Denkmalliste der ehemaligen DDR, sein Architekt wird nicht genannt. Es entstand zwischen 1927 und 1934. Seitdem können Schiffe von bis zu 80 Meter Länge und 1000 Tonnen Tragfähigkeit von der Oder in den Oder-Havel-Kanal und umgekehrt fahren. Die Verbindung über künstliche Wasserstraßen zwischen der Oder und der Havel hat eine jahrhundertelange

Geschichte. Schon zu Beginn des 17. Jahrhunderts war die Havel mit der Finow durch einen Kanal verbunden, der so Berlin mit der Ostsee verband. Die Bedeutung dieser Verbindung war sehr groß für Berlin und auch für die Industrie im Finowtal, wo hauptsächlich Eisenspaltereien, Kupfer- und Messingwerke angesiedelt waren. Doch der Wasserweg war beschwerlich – zwölf Schleusen waren damals zwischen dem höchstgelegenen Bereich bei Liebenwalde und der Mündung der Oder bei Oderberg zu passieren. Dieser Betrieb war wenig rationell und konnte bald den zuneh-

Untere Einfahrt im Schiffhebewerk

menden Verkehr nicht mehr bewältigen. Auch war der zunehmende Wasserverlust des Kanals, der vom Werbellinsee gespeist wurde, erheblich. Deshalb wurde 1927-34 ein Fahrstuhl für Schiffe gebaut.

Dieser Fahrstuhl hebt, so unglaublich es klingen mag, mit Hilfe von nur vier 75-PS-Motoren ein Gewicht von 4.300 Tonnen 36 Meter hoch. 4.300 Tonnen, das entspricht mehr als 60.000 erwachsenen Menschen oder 143 schweren LKW. Diese enorme Leistung erklärt sich aber nicht durch eine besondere Beschaffenheit der Motoren, sondern durch die ausgeklügelte Konstruktion des Hebewerks. So funktioniert es:

Ein Schiff fährt vom Unterhafen aus in einen 85 Meter langen und 12 Meter breiten wassergefüllten Trog, der eine Wassertiefe von 2,5 Metern hat. Das Tor des Trogs wird nach Einfahrt des Schiffs wasserdicht verschlossen. Das Gewicht des Troges mit Wasser und Schiff beträgt 4.300 Tonnen. (Das Gewicht des

Ein Teil des Schiffhebewerks mit Kanalbrücke

Schiffs spielt dabei keine Rolle, da jedes Schiff soviel Wasser verdrängt, wie es wiegt.) Der Trog hängt an 256 Drahtseilen, die jedes 52 Millimeter dick sind, paarweise über Seilscheiben im oberen Rahmen des Hebegerüstes laufen und am anderen Ende durch Gegengewichte beschwert sind. Gegengewichte und Trog sind gleich schwer.

Wenn Gegengewichte und Trog sich auf gleicher Höhe befinden, ist völliges Gleichgewicht durch Gewichtsausgleich hergestellt, wenn nicht, dann wird das beiderseits der Seilscheiben ungleiche Seilgewicht durch entsprechende Gewichtsausgleichketten reguliert. Deswegen hat der Antrieb für das Heben und Senken des Troges im Grunde nur die Reibung der Seilscheibenlager, die Seilsteifigkeit und die Massenträgheit von Trog und Gegengewichten zu überwinden. Und das ist für die vier kleinen Motoren kein Problem.

Um den Trog samt Schiff über ein Zahnstangengetriebe die 36 Meter Höhenunterschied überwinden zu lassen, brauchen sie nur etwa fünf Minuten. Der ganze Vorgang – Einfahrt in den Trog, Hinauf- oder Hinunterfahren, Ausfahrt aus den Trog in die Kanalbrücke, die das Schiffshebewerk mit dem oberen Kanal in einer Länge von 157 Metern verbindet, dauert um die zwanzig Minuten. Oben fährt das Schiff weiter in die Havel, unten führt sein Weg in die Oder.

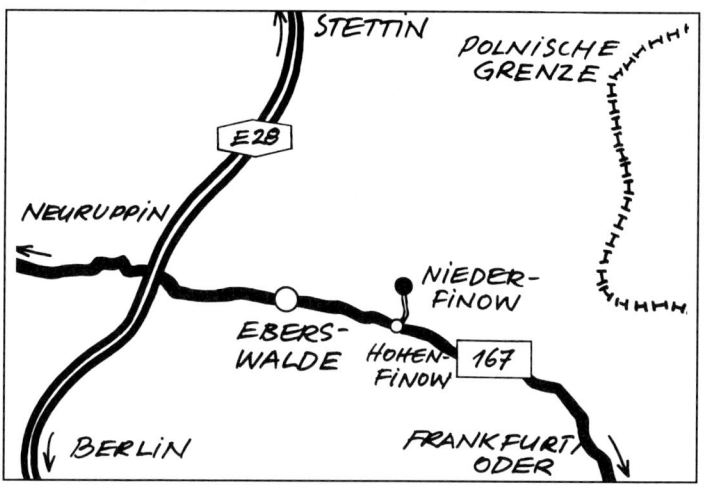

Pillnitz – das Wasserpalais

Welches Geheimnis mag es sein, das die beiden Sphingen links und rechts der Treppe vor dem Wasserpalais in Pillnitz bewachen? Die Stufen führen ins Wasser der Elbe. Pöppelmann und Longuelune, die Architekten Augusts des Starken, haben diese Anlage gebaut, nachdem der Kurfürst von Sachsen und König von Polen das Rittergut gekauft hatte. Einen Sommersitz für seine schöne Geliebte, die Reichsgräfin Constantia von Cosel, wollte der König bauen lassen. Er schenkte seiner Maitresse dieses Lustschloß und ließ die Anlage ständig erweitern.

Vielleicht plante er eine Art kleines Versailles, aber auch an ein Elb-Florenz mag er gedacht haben, oder an China und Ägypten. Die Affaire zwischen August dem Starken und Anna Constantia von Cosel, geborene Brockdorff, ist eine merkwürdige Geschichte: August, verheiratet mit der frommen lutherischen Prinzessin Christine Eberhardine von Brandenburg-Bayreuth, ist, um König von Polen werden zu können, im Jahr 1697 zum katholischen Glauben übergetreten – für ihn hat die Religion nur politische Bedeutung.

Anna Constantia, die spätere Reichsgräfin von Cosel, wurde nach streng calvinistischen Regeln erzogen und hat, wie seine Frau, im Gegensatz zu August sehr strenge Vorstellungen von Ehre. Als August sich in Constantia verliebt, will sie nur unter

Schloß Pillnitz bei Dresden

einer Bedingung seine offizielle Maitresse werden: Er muß sie heiraten. Mächtig genug für eine solche „Eheschließung zur Linken" ist August. Innenpolitisch hat er seinen Anspruch auf Alleinherrschaft gegen den mitregierenden Adel in Sachsen durchgesetzt. Er hat die Kabinettsregierung eingeführt und den ersten Rechnungshof in Deutschland eingesetzt. Er hat das stehende Heer ausgebaut und Wirtschaft und Handel vorangetrieben. Außenpolitisch strebt er an, aus Sachsen und Polen ein einheitliches Reich zu machen.

Vor allem diese Absicht aber läßt ihn zögern, aus seiner Liebesaffaire mit Constantia etwas zu machen, das ihn Sympathien kosten könnte. Eine Maitresse en titre, ob sie nun Teschen, Cosel oder Dönhoff heißt, sieht man dem Absolutisten nach. Schließlich ist das üblich an europäischen Fürstenhöfen.

Und Maitressen sind in sehr vielen Fällen Frauen, die von ganz bestimmten Gruppierungen des mitregierenden Adels in die Nähe des Königs gebracht werden, um ihren eigenen Interessen möglichst förderlich zu sein. Ob sie es nun weiß oder nicht, ursprünglich ist auch Constantia durch bestimmte Personen am Hof des Kurfürsten sehr stark protegiert worden.

Aber Maitresse will sie nicht werden. Maitresse zu sein, ist gegen ihre Auffassung von Ehre. Für Constantia stehen zwei Aufgaben an: Sie muß die Auflösung ihrer Ehe erreichen und August dazu bringen, einen Ehevertrag mit ihr abzuschließen. In diesem Ehevertrag soll auch festgelegt sein, daß Pillnitz ihr gehört, daß sie damit schalten und walten kann, wie sie will, es auch verkaufen darf, wenn sie das möchte. August schließt den Vertrag mit Constantia. Aber er vergattert sie, ihn absolut geheimzuhalten und an einem Ort zu verwahren, den nur sie kennt. Er will nicht, daß jemand von diesem Ehevertrag erfährt, weil er einerseits nicht weiß, wie seine Frau, die Prinzessin

August der Starke

von Brandenburg-Bayreuth, reagieren wird, wenn sie von dieser Kränkung erfährt. Als katholische Majestät, als König von Polen kann er sich andererseits eine solche moralische Verirrung nicht leisten.

Constantia will ihm nicht mehr Schwierigkeiten machen als unbedingt notwendig. Es ist ihr egal, ob sie nach außen hin von anderen, früheren Geliebten des Königs nicht zu unterscheiden ist. Mit dem Vertrag hat sie August geheiratet. Und sie benimmt sich, als wäre sie seine Frau. Sie wird sehr mächtig am sächsischen Hof. Ehrgeizigen Ministern ist sie zu oft um den König. Sie ist eifersüchtig, tut alles, um ständig in seiner Nähe zu sein. Sie begleitet ihn in den Krieg und nach Polen und trennt sich von ihren Kindern, kaum daß sie geboren sind, um den König begleiten zu können.

Schloß Pillnitz – Gesamtansicht am Elbufer

Wie recht sie mit diesem Verhalten hatte, stellt sich heraus, als sie, geschwächt von der Geburt ihres dritten Kindes, länger zögert, sich von ihrem Söhnchen zu trennen, um mit dem König in Warschau zu leben. Sie bleibt zu lange in Pillnitz. Die Hofclique führt dem König unterdessen in Polen eine neue Maitresse zu, denn seine Minister sind sehr stark am Sturz der Gräfin Cosel interessiert.

Nun verlangt der König den Ehevertrag zurück, um seine Verbindung mit ihr aufzulösen. Um Schwierigkeiten aus dem Weg zu gehen, greift August der Starke zu allen Mitteln. Er ordnet an, daß Constantia Pillnitz nicht verlassen darf.

Sie kann den Ehevertrag nicht beibringen, weil ihr Cousin, in dessen Verwahrung sie das Dokument gegeben hat, sich irgendwo in Preußen aufhält. Ihr Schicksal ist besiegelt, als sie sich unerlaubt aufmacht, um in den Besitz des Dokuments zu gelangen. Sie wird festgehalten und fällt nun endgültig in Ungnade. Constantia wird auf die Burg Stolpen gebracht und fortan von 47 Mann bewacht, die nicht einmal davor zurückschrecken, sie zu vergewaltigen.

Es ist ein Geheimnis geblieben, was diese Frau so gefährlich erscheinen ließ, daß sie noch dreißig Jahre nach dem Tod Augusts des Starken als Gefangene in Stolpen war. Und bis heute scheinen die Sphingen an der Bootsanlegestelle vor dem Wasserpalais in Pillnitz das Geheimnis zwischen August und seiner Geliebten hüten zu wollen.

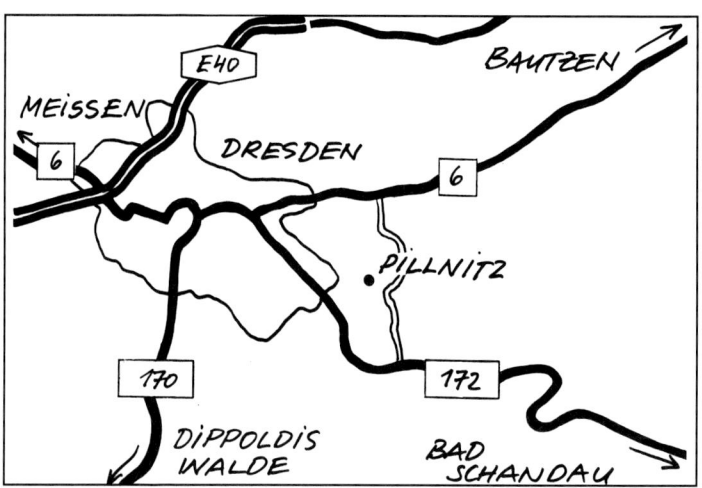

Potsdam – das Dampfmaschinenhaus von Ludwig Persius

Wenn man mit der Eisenbahn von Berlin nach Potsdam fährt, um die Schlösser und den herrlichen Park von Sanssouci zu besuchen, kann man schon aus der Ferne eine kleine architektonische Sensation entdecken. Überragt und eingekeilt von modernen, häßlichen Wohnblocks liegt am Ufer der Havel ein bizarres Gebäude, das wie eine Moschee aussieht. Auch aus der Nähe betrachtet, verrät das mit einem Minarett und einer zierlichen Kuppel geschmückte Bauwerk nichts von seinem eigentlichen Zweck. Es ist das Dampfmaschinenhaus, das die Fontänen im Park von Sanssouci mit Wasser aus der Havel versorgt. 1840/41 wurde es im Auftrag des gerade gekrönten preußischen Königs Friedrich Wilhelm IV. von dessen Hofarchitekt, Ludwig Persius, erbaut.

Die wenigsten Besucher von Sanssouci ahnen, welches Kopf zerbrechen die lustig sprudelnden Fontänen den Preußenkönigen gemacht haben, vor allem Friedrich dem Großen, der Sanssouci als seine Sommerresidenz errichten ließ. Das technische Problem bestand darin, das Wasser aus der Havel in einen oberhalb des Schlosses angebrachten Behälter zu befördern, um das

Die große Fontäne im Park von Sanssouci

Das Dampfmaschinenhaus

Gefälle für die Fontänen zu nutzen. Der strategische Punkt war rasch gefunden: Vom nahegelegenen Höneberg sollte der Wassernachschub mit dem nötigen Druck nach Sanssouci geleitet werden. Noch heute ist das Bassin auf dem Höneberg zu sehen, nur der Name änderte sich, weil der König seinen Baumeister Knobelsdorff beauftragte, den Wasserbehälter durch eine antike Ruinenlandschaft zu verschönern.

Doch das Wasserreservoir auf dem Ruinenberg blieb leer. Nach vielen vergeblichen Versuchen wurden auf königliche Order holländische Spezialisten als „Fontaene-maakers" importiert. Die mußten doch etwas von Wasserbaukunst verstehen, meinte der König. Das Windmühlensystem mit hölzernen Zuleitungsrohren, das sie vorschlugen, funktionierte jedoch ebenfalls nicht. Nur einmal füllte sich das Bassin auf dem Ruinenberg und sprudelte die Fontäne wirklich. An einem windig-kalten Frühjahrstag, Karfreitag 1754, nahm Friedrich der Große das angekündigte Wasserspektakel in Augenschein. Schon nach 40 Minuten sank die Fontäne kläglich wieder in sich zusammen. Nicht durch technische Leistung war der Springbrunnen in Gang gesetzt worden, sondern dadurch, daß man das Bassin auf dem Ruinenberg mit Schnee vollgeschaufelt und auf das Schmelzwasser vertraut hatte. 1780 gab der König, der keine Schlacht gescheut hatte, den Kampf um sein geliebtes Fontänenprojekt endgültig auf. Mit allen schon errichteten Wasserleitungen, Mühlen, Becken und Grotten hatte es an die 400.000 Goldtaler gekostet.

Es dauerte weitere 50 Jahre, bis der Park von Sanssouci seine heutige Gestalt annahm, und fast ein Jahrhundert, bis der alte Traum von den Wasserspielen in Erfüllung ging. Drei bedeutende Künstlerpersönlichkeiten repräsentieren diese Entwicklung: der Gartenbaumeister Peter Joseph Lenné, der Architekt Karl Friedrich Schinkel und sein Schüler und Nachfolger Ludwig Persius. Zum Auftraggeber und Förderer der Neugestaltung von Sanssouci wird Friedrich Wilhelm IV., der dritte Nachfolger Friedrichs des Großen auf dem preußischen Thron. Er nutzt seine lange Kronprinzenzeit zu einer regen Bautätigkeit, die die ganze Umgebung von Potsdam einbezieht. Und eine seiner ersten Regierungstaten ist der Auftrag für das neue Pumpenhaus an der Havel, das Ludwig Persius wie eine arabische Moschee gestaltet. Für diese sonderbare Idee gab es zwei Gründe:

Zum einen hatte der Exotismus Tradition in Sanssouci. Das Chinesische Teehaus, 1754 bis 56 von Johann Gottfried Büring im Auftrag Friedrichs des Großen erbaut, ist das prächtigste, heute noch zu bestaunende Beispiel. Während die Rokoko-Leidenschaft vor allem der Chinoiserie galt, erweitert sich in der Romantik und mit dem beginnenden Historismus das Interesse an ausgeborgten Stilformen. Friedrich Wilhelm IV. liebte neben antikisierenden und gotischen Zitaten vor allem den – wie er es ausdrückte – „normannischen" Stil. Daß er sich in diesem Fall für eine türkische oder sarazenische Architektur entschied, hatte einen simplen Grund: Die Dampfmaschinen-Anlage brauchte einen Schornstein, und wie war der besser zu verkleiden als durch ein Minarett! Aber nicht nur die äußere Architektur ist im maurischen Stil gehalten. Der Eingangsraum, die ehemalige Wärterstube, und einer der beiden früheren Pumpenräume, sind in ein kleines, sehr informationsreiches Museum verwandelt, und nicht mehr die alte Dampfmaschine, sondern ein moderner Elektromotor im gleichen Haus betreibt heute die Wasserversorgung von Sanssouci. Doch dann betritt man den alten Maschinenraum, das Allerheiligste der Moschee. Nichts Wesentliches ist hier verändert seit der Inbetriebnahme 1841. Die Alhambra und Cordoba haben Pate gestanden bei dieser Innenarchitektur, nur daß alles aus Gußeisen ist: Ingenieurskunst als sakrales Ereignis, ein ästhetisch wie funktional passendes Gehäuse für die gewaltige Maschinerie, die sich auf einen Knopfdruck des Museumsführers in Bewegung setzt.

Die Technik der für das damalige Deutschland einzigartigen Anlage besorgte die Berliner Maschinenfabrik Borsig. Auch einer der beiden Nebenräume, in denen die insgesamt 14 Pumpen installiert waren, ist unversehrt erhalten geblieben. Die für die Kraftübertragung der Antriebsmaschinen zuständigen Zahnräder waren ebenfalls aus Gußeisen, aber mit Holzzapfen versehen, um Reparaturen zu erleichtern und den Maschinenlärm auf ein Minimum zu senken. Mit 80 PS wurden so 230 Kubikmeter Wasser pro Stunde in das Reservoir gepumpt, von wo sie die Fontänen, Brunnen und Grotten in Sanssouci bis zum Ende des vorigen Jahrhunderts problemlos speisten. Dann erst traten neue Technologien auf den Plan. Vor zwei Dingen ist der Persius-Bau verschont geblieben: Er entging dem Bombenhagel des 2. Weltkrieges – und dem Abtransport der Maschinerie ins Deutsche Museum in München.

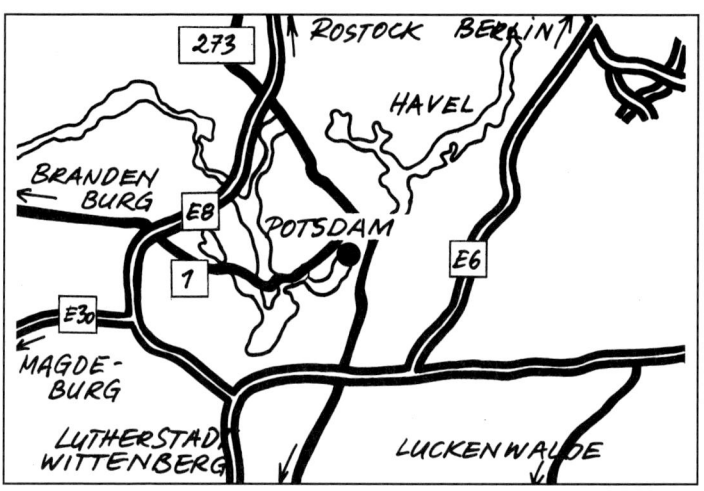

Rheinsberg – das Wasserschloß

Der Weg nach Rheinsberg führt durch eine Landschaft, die man die Ruppiner Schweiz nennt. Sie liegt nordwestlich von Berlin in einem Gebiet, das schon zur Mecklenburgischen Seenplatte gehört. Links und rechts Landschaft, soweit das Auge reicht. Erinnerungen aus der Kindheit werden wachgerufen, aber auch Assoziationen an Frankreich leben auf. Lange Alleen, deren Baumkronen sich über uns zusammenschließen zu einem grünen Dom.

Der Mann, den Kurt Tucholsky in seiner Reiseidylle „Rheinsberg" beschreibt, ist mit seiner Freundin Claire mit der Eisenbahn durch diese Landschaft gefahren. Es muß damals dort schon genauso ausgesehen haben wie heute.

Rheinsberg ist das Wasserschloß, in dem König Friedrich der Zweite, unter dem Preußen später so berühmt-berüchtigt wurde, seine unbeschwertesten Jahre verbracht haben soll, seine Studentenzeit sozusagen. Von hier aus fing er an, mit dem französischen Philosophen Voltaire zu korrespondieren. Voltaire glaubte, am preußischen Hof gäbe es mehr Freiheit als am französischen; sein Ideal war der aufgeklärte Monarch. Friedrich der Zweite von Preußen begeisterte sich für dieses Ideal und strebte für sich selbst an, es zu verwirklichen.

Es raunt durch die Geschichte, daß der Prinz Friedrich einen gleichaltrigen Fähnrich liebte, daß man die beiden jungen Män-

Schloß Rheinsberg

Schloßansicht von der Stadt aus gesehen

ner zusammen im Bett überraschte und daß der harte, strenge Soldatenkönig Friedrich der Erste den schöngeistigen, sensiblen und damals sicher auch zärtlichen Sohn zwang, der Hinrichtung des geliebten Freundes zuzusehen. Vielleicht dichtet man ihm deshalb, um seinen Ruf zu retten, eine Liebesgeschichte mit einer Prinzessin an, die er aber angeblich nicht heiraten durfte.

Ein zur Straße hin freistehendes Gittertor bildet den Eingang zum fürstlichen Park. Von hier aus führt eine breit angelegte, sandige Parkstraße zu einer breiten Treppe, die links und rechts von zwei Sphingen bewacht wird. Der Weg führt weiter zum See, hinter dem See liegt das Schloß mit seinen berühmten runden Türmen links und rechts, vor dem Schloß ein Platz, in dessen Mitte eine Apollo-Figur von vier Statuen auf Sockeln umgeben ist, die die vier Jahreszeiten darstellen.

Im Augenblick, Sommer 1990, kann man den Schloßhof nicht betreten. Erstens ist er mit Gerüsten zugestellt. Zweitens sagt ein Schild: Das Betreten des Schloßhofes ist nur Patienten gestattet. Aus dem Renaissance-Wasserschloß, das der Architekt Georg Wenzeslaus von Knobelsdorff im Jahr 1734 zu dem Garten-Wasser-Schloß umgebaut hat, das wir heute noch vor uns haben, wurde Ende der vierziger Jahre unseres Jahrhunderts eine Diabetikerklinik. Eine Diabetikerklinik ist im Prinzip kein öffentlicher Ort. Es war also nicht ohne weiteres möglich, den berühmten Spiegelsaal zu besichtigen, in dem auch heute noch Konzerte gegeben werden. Die hohen Türen des Spiegelsaals sind ganz besonders schön. In großen goldenen Vignetten sind hier berühmte Liebesszenen aus der griechischen Mythologie dargestellt: Leda mit dem Schwan, Danae mit dem Goldregen, Pasiphae mit dem Stier und andere. Es sind insgesamt drei Türen mit je zwei Flügeln.

Aber an der Decke, unter dem wunderbaren Deckengemälde von
Antoine Pesne, hängt eine Lampe aus den Fabriken der ehemaligen DDR aus den sechziger oder siebziger Jahren – scheußlich!
Bernsteinbraunes Glas, grobschlächtig, an einem braunen Kabel
hängend. Wo man zierliche Rokoko- oder Barock-Bestuhlung
erwartet, verschandeln Stühle den Raum, die dem Aufenthaltsraum einer gewöhnlichen Klinik vielleicht Ehre machen würden,
hier aber wirken wie genagelte Bergschuhe zum Chiffonkleid.
Zerstört ist die Illusion, die Behandlung eines kranken Menschen

Bildnis des jugendlichen Friedrich II.

in einem wunderschönen Schloß könne ihn unaufdringlich und ganz nebenbei auch lehren, welche Gegenstände einer bestimmten Epoche in welche Räume gehören. Der freundliche Herr, der durch den Spiegelsaal führt, meint, man könne nicht wissen, wer wem Devisen für die Original-Bestuhlung bezahlt habe.

Es sei aber durchaus möglich, daß die Stühle in Sanssouci stünden. Er bedauert, daß aus dem Schloß ein Sanatorium wurde. Die Bedürfnisse des Gesundheitswesens seien eben nicht mit denen der Denkmalpflege unter einen Hut zu bringen.

Aber in spätestens zwei Jahren soll alles anders sein. Dann soll das Sanatorium woanders untergebracht sein. Das Schloß wird dann wieder so sein wie zu Friedrichs Zeiten. Es soll eine Kurt-Tucholsky-Gedächtnisstätte und wieder allen Besuchern zugänglich werden.

Wir verlassen Rheinsberg auf einer Landstraße, auf der an Bäumen und Weggabelungen kleine, aber auffällige Schilder darauf hinweisen, daß über diese Straßen der Todesmarsch jener Unglücklichen führte, die ganz in der Nähe im Konzentrationslager Sachsenhausen umgebracht wurden.

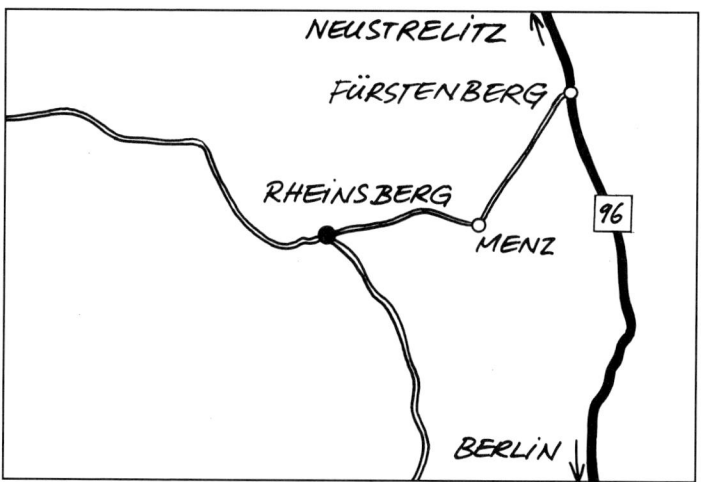

Rostock – die Marienkirche

Fast 400 Jahre haben die Rostocker an ihrer 1230 begonnenen Marienkirche gebaut. 1398 stürzte das erste Kirchenschiff noch während der Bauarbeiten ein. Daher blieb die spätgotische Form der Kirche erhalten. Doch wie viele deutsche Städte, so wurde auch Rostock im Zweiten Weltkrieg in kürzester Zeit zerstört, und auch die Marienkirche wurde nicht verschont.

Friedrich Bombewski, Kirchendiener in St. Marien, beschreibt die Ereignisse so: „Es war der Morgen des 26. April 1942. Drei Nächte hintereinander waren die Bomben gefallen. Jede Nacht waren die Flugzeuge um ein Uhr gekommen. Die Häuser um die Marienkirche brannten fast alle. Zum Teil waren sie schon heruntergebrannt. Wir waren gerade dabei, den Holzstall im zweiten Pfarrhaus zu löschen. Am Ziegenmarkt standen viele Menschen und sahen zu, wie alles brannte. Der Kirchturm war durch die vielen Rauchwolken, die über der ganzen Stadt lagen, verhüllt. Plötzlich kam ein Windstoß; dadurch wurde der Turm sichtbar, und wir entdeckten entsetzt, daß es in der Turmlaterne brannte. Durch Funkenflug hatte es gezündet. Ich lief schnell zur Kirche. Meine Tochter, die mich nicht allein lassen wollte, lief hinter mir her. Die Wendeltreppe des Turmes war ganz in Rauch gehüllt. Wir faßten uns bei den Händen, um uns nicht zu verlieren, und stiegen die zweihundert Stufen hoch. Bei der ersten Tür, die zur Orgel führt, hielten wir inne, damit uns nicht der Rückweg abgeschlossen würde. Dann stiegen wir höher bis zum Kreuzgewölbe und bis zur Glockenstube. Der Rauch und die Flammen waren so stark, daß wir uns nasse Tücher vor den Mund binden

Die Marienkirche in Rostock

Die Nicolaikirche

mußten. In der Glockenstube standen unsere Löschgeräte, Wasser und Sand, das alles mußten wir die letzten 78 Stufen hinauftragen, zum Teil auf steilen Leitern. Als wir in der Turmlaterne ankamen, schien es fast aussichtslos, den Brand zu bekämpfen. Aber kurzentschlossen griffen wir mit der Luftschutzspritze an. Die zwei Eimer Wasser, die wir mitgeschleppt hatten, waren bald verbraucht. Nun holte meine Tochter das Wasser herbei, während ich pumpte. Immer wieder lief sie die 78 Stufen der steilen Leitern mit einem Eimer herauf und herunter, immer unter Lebensgefahr..."

Der dankbare Vater Friedrich Bombewski erwähnt nicht, woran seine 24jährige Tochter im Mai 1945 starb. Es wäre Spekulation anzunehmen, daß es Kriegsschäden waren, die ihren frühen Tod verursachten. Aber daß sie Leben und Gesundheit zur Rettung der Kirche einsetzte, berichtet der Vater uns.

Vielleicht auch unter Lebensgefahr – es ist nichts bekannt darüber – wurde während des Krieges der wunderschöne Hauptaltar aus der Nicolaikirche gerettet und steht seitdem, als Gast sozusagen, in einem Seitengang der Marienkirche. Dieser Altar, Bormann zugeschrieben, stellt das Sterben dar: Christus am Kreuz stirbt aus Liebe für die Menschen, und die Männer und Frauen, die ihm in zwei Reihen links und rechts vom Kreuz beistehen, sind Märtyrer, die für die Idee des Christentums gestorben sind.

In der christlichen Mythologie spielt das Verhältnis der Menschen zu Christus eine wichtige Rolle – Christi Leidensgeschichte, erlösend für die Menschen, und auch das Märtyrertum vieler Gläubigen werden immer wieder erzählt. In diesen Geschichten sind die Gründe und Wege, die zum Märtyrertum führen, bei Männern und Frauen meist ganz verschieden. Die Männer sollten oft einer der Gottheiten huldigen, die als Vertreter der römischen Staatsreligion auf öffentlichen Plätzen ihre heiligen Stätten hatten. Weigerten sich die Männer, diesen in Stein gehauenen Göttern oder Göttinnen zu huldigen – also Götzendienste zu leisten –, wurden sie schmerzhaftesten Folterungen ausgesetzt. Der heilige Lazarus zum Beispiel wurde bei lebendigem Leib geröstet.

Den Frauen wurde anderes abverlangt, meist durch den eigenen Vater: Sie sollten einen reichen, einflußreichen Mann heiraten, der aber kein Christ war. Die heilige Barbara zum Beispiel wurde von ihrem Vater aufgefordert, einen bestimmten Mann zu heiraten. Barbara weigerte sich, woraufhin der Vater sie in einen

Die Astronomische Uhr in der Marienkirche

einsamen, streng bewachten Turm sperrte und in den Krieg zog. Als er wiederkam, hatte die Tochter das Bad ihres Gefängnisses in ein Baptisterium mit drei Fenstern, die die Dreifaltigkeit symbolisierten, verwandelt, damit unmißverständlich den Gehorsam verweigert und sich öffentlich als Christin bekannt.

Der Vater wollte sie dennoch zwingen, den von ihm bestimmten Bräutigam zu heiraten, aber sie weigerte sich standhaft. Darauf ließ ihr Vater sie verhungern; ihre Leiche soll wunderschön gewesen sein, als man sie hundert Jahre später fand. Ihre Standhaftigkeit beeindruckte viele Menschen so sehr, daß sie zum Christentum übertraten.

Bormanns Altar entstand im fünfzehnten Jahrhundert, zu einer Zeit also, in der die Erinnerung der Menschen in Norddeutschland an ihre eigene zwangsweise Christianisierung, erst im elften Jahrhundert abgeschlossen, noch nicht sehr alt war, und in der die Darstellung der Märtyrergeschichten noch dazu diente, Menschen zum Glauben zu führen oder sie darin zu bestärken.

Doch die Marienkirche enthält auch andere mittelalterliche und barocke Kunstwerke, die den Besuch lohnen, darunter die bronzene Tauffünte aus dem 13. Jahrhundert, der Rochusaltar oder die berühmte astronomische Uhr aus dem Jahr 1472.

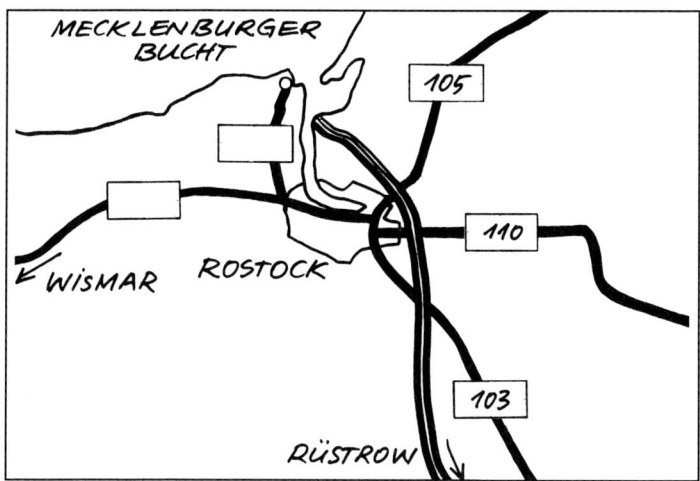

Rothenburg – das Kriminalmuseum

Rothenburg ob der Tauber bezaubert durch seine engen Gassen, das Gewirr von bestens erhaltenen mittelalterlichen Fachwerkbauten, prächtigen Renaissance- und Barockgebäuden, sowie durch seine intakte Stadtmauer. Keine andere deutsche Stadt ist so original im alten Gewand erhalten wie Rothenburg. Aber in dieser Stadt befindet sich auch ein Museum, das den Besucher das Gruseln lehren kann, ein Kriminalmuseum, das bis ins Mittelalter zurück die deutsche Rechtspraxis dokumentiert. Ausgestellt sind hier Instrumente der Folter – von Menschen erdacht und erbaut. Was wie ein Ausflug in das Zeitalter der Barbarei anmutet, ist ein Einblick in die Rechtsgeschichte als Teil unserer abendländischen Kultur.

Im Zentrum des Ortes strahlt das Renaissance-Rathaus mit den barocken Laubengängen Humanität und gepflegte Zivilisation aus. Im Haus der Patrizierfamilie Jagstheimer wohnte Kaiser Maximilian im Jahre 1513. Davor plätschert Rothenburgs schönster Brunnen, der St.Georgs- oder Herterichsbrunnen. Die Rats-

Rothenburg o. d. Tauber: Plönlein

trinkstube erzählt ihre eigene Geschichte aus dem dreißigjährigen Krieg: Graf Tilly war bei der Belagerung der Stadt erbost über den langen Widerstand der Rothenburger. Als er schließlich die Stadt eingenommen hatte, wollte er vier Ratsherren exemplarisch hinrichten lassen. Beim unfreiwilligen Empfangstrunk kam ihm dann jedoch eine andere Idee.

Der Eberkopf – Schandmaske für Männer

Sollte ein Rothenburger in der Lage sein, einen Riesenpokal mit dreizehn Schoppen, also 3,25 Liter Wein, ohne abzusetzen zu leeren, so sollte den Ratsherren das Leben geschenkt sein. Der Bürgermeister Georg Nusch war der rechte Mann, er schaffte es. Unweit vom Marktplatz erinnert eine lateinische Inschrift am Wohnhaus des Bürgermeisters, der heutigen Gastwirtschaft „Roter Hahn", an diese heroische Sauftat:

„Durch einen berühmten Trunk hat Nusch die Vaterstadt gerettet; Du, des Nusch hier gedenkend, wiederhole, was er gelehrt hat!" Direkt gegenüber liegt die Kirche St. Johannis, und in ihrer Komturei ist seit 1977 das Rothenburger Kriminalmuseum untergebracht, das einzige Rechtskundemuseum Deutschlands. Wird zwar die schon am Eingang des Museums geweckte Erwartung, sich gleich in einem Gruselkabinett wiederzufinden, durchaus befriedigt, so bietet das Museum dennoch sehr viel mehr. Hier wird der Versuch unternommen, Recht und Rechtsprechung – vom Mittelalter bis ins 19. Jahrhundert – historisch, d.h. im Zusammenhang mit der jeweiligen Zeit und ihrem Weltbild, zu interpretieren. In germanischer Zeit sind Eid und Zweikampf die Ordnungsvorstellungen der Rechtsprechung. Im Mittelalter zivilisiert sich das Recht; nicht mehr heißt es 'Mann gegen Mann', sondern es treten objektivere Instanzen an die Stelle des Faustrechtes. Das Recht wird kodifiziert, beruht also nicht mehr auf mündlicher Tradition. Schriftliche Urkunden aus dieser Zeit sind im Museum ausgestellt. Das älteste und einfluß-

Rödergasse und Markusturm

reichste Rechtsbuch ist der Sachsenspiegel, das früheste größere Prosawerk, das in der Zeit zwischen 1220 und 1235 in deutscher Sprache abgefaßt wurde. Sogar der Verfasser ist bekannt, Ritter Eike von Repgow aus Sachsen.

Gemäß dem mittelalterlichen Weltbild ergibt sich die damalige Rechtsordnung aus der Vorstellung von Gott als oberstem Richter. Papst und Kaiser stehen im Dienste Gottes als seine Statthalter auf Erden, in seinem Namen befinden sie über die Ordnung. Bestrafung, das bedeutete die Wiederherstellung der göttlichen Ordnung. Nur so ist zu verstehen, weshalb Hinrichtungen – wie sie auf zahlreichen Abbildungen im Kriminalmuseum zu sehen sind – als große Feste mit Massenaufläufen gefeiert wurden. Sie waren der Triumph des Guten über das Böse. Was aus heutiger Sicht als Willkür und Verherrlichung brutaler Gewalt erscheint, hatte seine strenge Ordnung und verlief nach festen Regeln. Bestens dokumentiert ist im Rothenburger Kriminalmuseum das Zeitalter der Hexenverbrennungen, das mit der Neuzeit, der Renaissance, einsetzte. Bemerkenswert ist, daß die Hexenverbrennungen also kein Rückfall in die angebliche Dumpfheit des Mittelalters waren. Die sogenannte Hexe verkörperte als Gegenbild zur männlich-bürgerlichen Welt von Arbeit, Leistung und Disziplin Triebhaftigkeit, bloße Natürlichkeit, Gefühlsbetontheit und Sexualität, die nicht ins neuzeitliche männliche Ordnungsschema paßten. Waren vorher die Regeln für die Folter noch peinlich genau festgelegt als Mittel zur Findung der Wahrheit, so dienten sie zur Zeit der Hexenverfolgungen, die bis ins 18. Jahrhundert andauerten, als Mittel der Einschüchterung und der Erpressung falscher Geständnisse.

Manche festgefügten Vorstellungen entpuppen sich auch als Vorurteile, wenn man durch die verschiedenen Stockwerke dieses Kriminalmuseums geht. So entspricht z.B. die furchteinflößende Vorstellung von dem Folterinstrument 'Eiserne Jungfrau', sie sei im Inneren mit Eisenstacheln gespickt gewesen, nicht den Tatsachen. Sie war als hölzerner Mantel, in den die Angeklagten eingeschlossen wurden, lediglich eine Form der Zurschaustellung. Die tödlichen Stacheln sind erst eine Erfindung des 19. Jahrhunderts, sie stammen von den Bajonetten aus den napoleonischen Kriegen, als es in der Verurteilungspraxis längst keine Eisernen Jungfrauen mehr gab. Hier lebt der neuzeitliche, nicht der mittelalterliche Sadismus in der Phantasie fort.

Die Ambivalenz von Rechtsprechung und Verurteilung drückt sich in der Gestalt des Scharfrichters aus. Er mußte bekleidet sein mit Maske, Handschuhen und Mantel – alles im Museum in Originalstücken zu bewundern. Er war nicht identifizierbar für die Masse der Schaulustigen. Selbst den zum Tode Verurteilten mußte er von hinten erschlagen. In der zivilen Gesellschaft war der Scharfrichter tabuisiert: er durfte nicht innerhalb der Stadtmauern leben, nicht im Wirtshaus trinken, keine Badestube benutzen und auch nicht zur Messe gehen. Seinen Kindern war die Erlernung eines Handwerks verboten, sie mußten den väterlichen Beruf fortsetzen oder sonstige mindere Dienste tun.

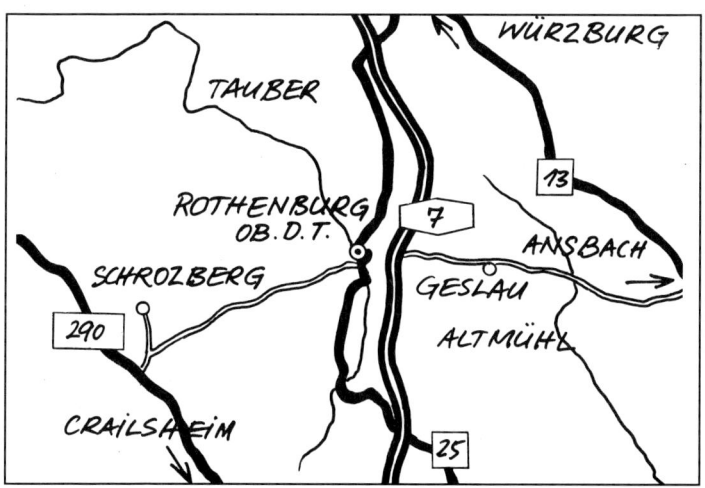

Schleswig – Kunstfälschungen im Dom St. Petri

Der Dom St. Petri in Schleswig ist eines der imposantesten Zeugnisse gotischer Backsteinkunst. Seine Bauzeit geht zurück auf das Jahr 1100; aus der flachgedeckten romanischen Basilika entstand langsam bis zum Jahre 1500 eine gewölbte gotische Hallenkirche. An die romanische Frühzeit erinnert noch das Petersportal im Süden mit sechs Säulen und einem Christusrelief, etwa um 1180 entstanden. Eingelassen in das Sandsteinportal ist ein Granitquader mit einem Löwenrelief, eines der wenigen Zeugnisse romanischer Skulpturenkunst.

Der Schleswiger Dom ist nicht nur berühmt als Kunstkammer ersten Ranges für romanische, gotische und Renaissance-Kostbarkeiten, er birgt auch eine kunsthistorische Kuriosität, die in den vierziger Jahren unseres Jahrhunderts für Aufregung und Verwirrung gesorgt hat. Der breite und hohe Kreuzgang, im Schleswiger Dom „Schwahl" genannt, beeindruckt nicht nur durch sein gotisches Raumempfinden, er ist noch dazu mit außerordentlich lebendigen frühgotischen Fresken ausgemalt, die das Leben Christi mit Tierfriesen illustrieren. Zu sehen sind lebensgroße Gestalten der Apostel und Propheten. Diese Fresken haben ihre eigene Geschichte: Im Frühjahr 1937 erhielt der bekannte Kirchenmaler und Restaurator Professor Ernst Fey aus

Der Schwahl

Römisches
Löwenrelief am Dom

Berlin den Auftrag, die frühgotischen Bildwerke des Schleswiger Doms zu säubern und zu restaurieren, weil sie durch unsachgemäße Behandlung Ende des 19. Jahrhunderts durch August Olbers im Stil der Nazarener übermalt worden waren. Fey hatte schon bei früheren Restaurierungen mit dem Kunstmaler Lothar Malskat zusammengearbeitet, und ihn beauftragte er auch diesmal, die verantwortungsvolle Arbeit in die Hand zu nehmen. Malskat machte sich ans Werk, das Ergebnis seiner Arbeit rief einhellige Begeisterung hervor. Im Jahre 1940 verfaßte der Kunsthistoriker Alfred Stange ein großformatiges Kunstalbum „Der Schleswiger Dom und seine Wandmalereien". Er bedankt sich bei dem Restaurator Malskat für die „sorgfältige Freilegung und Pflege" der gotischen Malereien, die er nun den Kunstfreunden wiedergeschenkt habe. Besonders die Truthähne erregten die Aufmerksamkeit des Fachpublikums, denn soweit bekannt, waren sie erst in der ersten Hälfte des 16. Jahrhunderts durch die Spanier nach Europa gekommen. Die germanengläubige NS-Zeit fand dafür jedoch eine einleuchtende Erklärung: die Wikinger waren es, die den Truthahn nach Europa importierten, sie hatten Amerika entdeckt und mit ihm auch den Truthahn. So war es angeblich kein Stück der Hexerei, daß sie bereits im 13. Jahrhundert ein gotischer Meister auf einem Fresko verewigen konnte.

Obwohl die Bilder und Friese im Schleswiger Dom nicht gemalt, sondern mit Rötel auf den Kalkputz der Wand gezeichnet waren, kam kein Verdacht auf, hier könne etwas nicht stimmen. Erst dreizehn Jahre später wurde der Schwindel aufgedeckt – nicht von fachkundigen Kunsthistorikern, sondern vom Urheber

Bordesholmer Altar

selbst, dem Maler und Restaurator Lothar Malskat. Und zwar brachte das folgende Ereignis Licht ins Dunkel dieser historischen und kunsthistorischen Einmaligkeit.

Im Jahre 1951, anläßlich der 700-Jahrfeier der Lübecker Marienkirche, rief die Restaurierung der gotischen Fresken im Chorraum große Begeisterung hervor, sie galten als „einzigartig". Wiederum war ein bewährtes Team am Werk gewesen, diesmal der Sohn des kunstsinnigen Berliner Professors, Dietrich Fey und sein ausführendes Organ Lothar Malskat. Im Mittelpunkt der Feier stand der Berliner Restaurator Dietrich Fey, kein Mensch sprach von Lothar Malskat, der für den bescheidenen Stundenlohn von 1,20 Mark die Arbeit geleistet hatte. Malskat rächte sich. Er bekannte öffentlich, daß alle Fresken Originale von seiner Hand seien, also keine frühgotische Wandmalerei, sondern Fälschungen. Die Kunst- und Kirchenwelt war so düpiert, daß sie ihm keinen Glauben schenken wollte und ihn als überspannten Egozentriker verleumdete.

Malskat griff zum letzten Mittel, im Oktober 1952 erstattete er Strafanzeige gegen sich selbst und seinen Auftraggeber Dietrich Fey. Malskat gestand, daß nicht nur die Fresken der Lübekker Kirche Sankt Marien, sondern auch weitere Arbeiten, darunter die Fresken im Schleswiger Dom seinem Pinsel entstammten. „Ganze Louvres habe ich gemalt", brüstete sich Malskat und gestand rund sechshundert Bilderfälschungen von Rembrandt bis Utrillo, von Klee bis Picasso. Stärkstes Beweismittel für die immer noch ungläubige Kunstwelt, daß die kirchlichen Wandmalereien keinem anonymen Meister des Mittelalters zu verdanken seien, war Malskats Leica-Film. Er hatte mit Fotos dokumentiert, daß er auf eine kahle Wandfläche die angeblich mittelalterlichen Bildreste aufgetragen hatte.

Der Lübecker Bilderfälscherprozeß geriet zum sensationellen Medienspektakel. Im Januar 1955 wurde das Urteil gefällt: Dietrich Fey, der Auftraggeber, erhielt zwanzig Monate Gefängnis, Lothar Malskat, der Meisterfälscher, wurde zu achtzehn Monaten Gefängnis verurteilt. Im Prozeß wurde aufgedeckt, daß Malskat bei den Reinigungsarbeiten im Schleswiger Dom ein Malheur unterlaufen war.

Nachdem die Übermalungen aus dem 19. Jahrhundert entfernt waren, zeigten sich auf der Backsteinmauer nur noch kaum erkennbare Farbspuren, von den gotischen Fresken war fast nichts übrig geblieben. Der Schrecken war groß, Malkat hatte – wie es damals hieß – „nationales Kulturgut" vernichtet. Also ging der geübte Kunstkopierer daran, abgeschirmt von Professor Ernst Fey und seinem Sohn Dietrich, eigene Schöpfungen auf die Wand zu zaubern. Und wie um die Nachwelt besonders zu foppen, wurden einige Gesichter nach lebenden Vorbildern nachempfunden. Maria mit dem Kind malte er nach einem Foto der bekannten Filmschauspielerin Hansi Knoteck. Auch seine Schwester Frieda verewigte er auf der Wand, auf dem Haar eine keckes Hütchen, dessen unzeitgemäße Mode niemand zu stören schien.

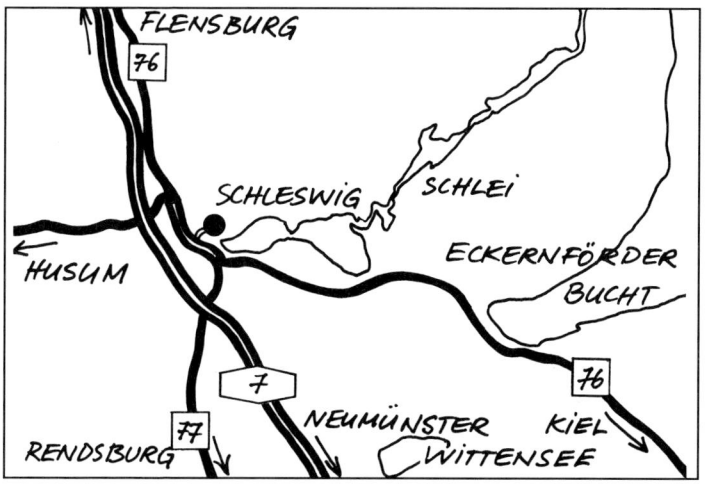

Schöntal – das Kloster von Benedikt Knittel

Umgeben von sanften Hügeln und Weinbergen, eingebettet in eine von der Industrie noch fast unberührte und verwunschene Landschaft am Ufer der Jagst, erhebt sich die barocke Abtei des Klosters Schöntal. Schon auf den ersten Blick ein reiches Kloster. Um die Kirche und die Abtei gruppieren sich – scheinbar ohne jede Ordnung – zahlreiche Wirtschaftsgebäude: Stallungen, Brauhaus, Schnapsbrennerei, Keller, Fruchtscheuer, der Familiarenbau und die Schweizerei. Hier residierte im 17./18. Jahrhundert der Zisterzienserabt Benedikt Knittel. Ihm verdankt das Kloster einen Seltenheitswert, der sich erst auf den zweiten Blick erschließt. Kirche, Kloster und Wirtschaftsgebäude sind übersät mit in Stein gemeißelten Sprüchen, den Knittelversen.

Die Abtei ist ein literarisches Denkmal, wie es kein zweites auf der Welt gibt. Urheber dieser Idee war Benedikt Knittel, der von 1650 bis 1732 lebte und fast fünfzig Jahre lang die Geschicke des Klosters bestimmte und mit seinen Sprüchen kommentierte. Zu seinem Amtsjubiläum 1732, das fünfzigste Jahr war noch nicht ganz vollendet, ließ er vor der Kirche eine Jubiläumssäule mit der Inschrift errichten: COLUMNIA IUBILAEI ABBATIALIS SABBATICI DEO VIRGINI MATRI EIVS ET ANGELO TVTELARI SACRO ET VOTIVA – Säule für das sabbatische Abtsjubiläum, heilig und geweiht Gott, der Jungfrau Maria, seiner Mutter und dem Schutzengel. Schon diese Inschrift verrät, worauf es Knittel ankam: in der Hervorhebung der Großbuchstaben versteckt sich eine Jahreszahl, in diesem Fall 1732, das Jahr seines Jubiläums als Abt des Klosters. Mit dem Kunstmittel des Chronogramms, der Hervorhebung von Buchstaben wie M,C,V,I als lateinische Zeitangabe, bastelte Knittel artistische Sprüche und Verse, die auf eigene Weise die Baugeschichte des Klosters als Literatur in Stein festhielten, das sogenannte Klosterbuch.

Im Jahr 1698 beauftragte Knittel den Bamberger Baumeister Johann Leonhard Dientzenhofer mit der barocken Neugestaltung des Klosters im Jagsttal, etwa dreißig Kilometer nordöstlich von Heilbronn. Der Beginn des Neubaus und Umbaus ist genau verzeichnet, im Grundstein des Konventbaus. Wiederum geben chronographische Großbuchstaben darüber Auskunft, daß der Grundstein im Jahr 1701 gelegt wurde. Über einer Tür ist zu lesen:

Kloster Schöntal an der Jagst

hoC ItVr aD saCrIstIaM – der inzwischen knittelsch geschulte Leser weiß nun: die Sakristei wurde im Jahre 1708 erbaut.

Benedikt Knittel war nicht nur ein penibler Chronist der Baugeschichte seines Klosters, gewitzt belehrt er auch seine Mitmenschen. Betritt der Besucher die Kirche, so blinzelt ihn das Auge Gottes durch zwei Durchbrüche an den Emporen an. Umrahmt ist das Auge von einem Originalzitat Ovids, geschrieben in der Verbannung am Schwarzen Meer: nIL ILLVM toto qVoD fIt In orbe Latet – nichts bleibt vor ihm verborgen, was auch auf der ganzen Welt geschieht – Ovid meinte damit die Allgegenwart des Kaisers Tiberius, der ihn ins Exil geschickt hatte; Knittel deutete mit chronographischem Kennerblick diese Zeile um in die Allgegenwart Gottes – und heraus kommt in diesem Fall das Baujahr 1714.

Abt Benedikt Knittel war nicht nur ein gottesfürchtiger Mann, mit Schalk im Nacken nutzte er auch die Namensidentität von Knittel oder Knüppel. Dabei war er keineswegs der Erfinder des Knittelverses. Der ist älter und geht auf das ausgehende Mittelalter zurück. Knittel – oder Knüppelvers, damit war ein unreiner, schlecht gebauter, holpriger Vers gemeint. Knittel erfreute das Verwirrspiel seines Namens und führte den Knüppel hintersinnig in seinem Abtswappen. Zu seiner Reimkunst vermerkt er: „Ich habe nur gelernt, Knittelverse (also schlechte Verse) zu verfassen, aber sie geben manchen wertvollen Hinweis für ein gutes Leben, so daß der Leser einigen Gewinn daraus ziehen kann." Im Klostergebäude belehrt denn auch der Abt seine Mönche darüber, wie sie zu beten hätten, wie man die Fastenregel und die Schweigepflicht richtig einhält, wie man sich vor Ketzerei bewahrt, aber auch, was ein guter Abt leisten solle. Der Charakter dieser Sprüche entspricht ganz dem Stil der barocken Lehr- und Regelpoetiken.

Aber der Abt bedachte nicht nur die geistigen Bedürfnisse seiner Mönche mit Sinnsprüchen, sondern er befaßte sich auch mit den einfachen Dingen des Lebens. So im Refektorium mit den Hintergründen einer gut gewürzten Speise, und selbst dem Patron Culianus, dem Ärschling, und seinem verschwiegenen Örtchen hat Knittel einen Vers zugesprochen, und zwar 'ex natura rei', aus der Sache der Natur.

Eine besondere Vorliebe Knittels galt dem Wein. In vielen Versen besang er die Qualität des Weines oder guter Fässer, wenn sie nur recht groß waren. Seine bevorzugte Wirtschaft war das Gasthaus OCHS, weil es schon im Namen seine hervorragende Qualität verrate: O stehe für lateinisch odor – Geruch; C für calor – Temperatur; H für humor – Feuchtigkeit und S für sapor, Geschmack.

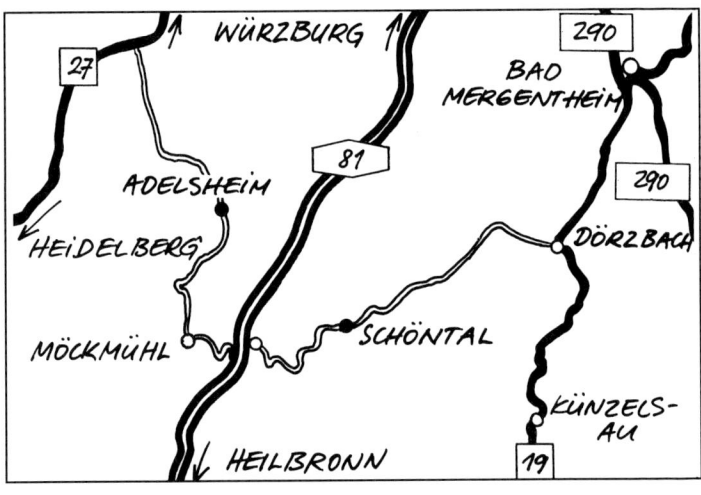

Stolberg – das Städtchen im Südharz mit spätmittelalterlichem Gesicht

Es gibt nicht mehr viele Orte in Deutschland, deren spätmittelalterliches Gesamtbild so rein erhalten geblieben ist wie Stolberg im Südharz. Das uralte Bergarbeiterstädtchen, heute Luftkurort und viel besuchtes Ausflugsziel, schmiegt sich in drei enge Täler und ein breiteres Flußtal ein. Diese geschützte Lage machte schon im Mittelalter die sonst übliche Wehrmauer überflüssig und in späteren Jahrhunderten eine starke Expansion unmöglich. Wo die vier Täler zusammentreffen, ist das natürliche Zentrum der Stadt entstanden, der Marktplatz. Dort erwartet den Besucher nicht nur ein idyllisch-romantisches Ensemble von Gebäuden, sondern auch ein architekturgeschichtliches Kuriosum.

Stolberg mit dem Schloß

Das Stolberger Rathaus ist auf den ersten Blick ein repräsentatives Bürgerhaus, nur größer als die übrigen im thüringischen Stil erbauten Fachwerkhäuser der Stadt. Das dreigeschossige Gebäude wurde 1482 errichtet und um 1600 erneuert. Von Anfang an hatte es jedoch keine Innentreppe. Das klingt nach dem Schildbürgerstreich, bei dem die Erbauer eines Hauses die Fenster vergaßen. Noch heute muß man die seitwärts zum Kirchplatz emporführenden Stufen hinaufsteigen, wenn man zu den einzelnen Stockwerken gelangen will. Die Vermutung, daß es sich anfänglich um ein Speicherhaus gehandelt haben könnte, in dem keine Treppe nötig war, wird durch eine andere architektonische Besonderheit widerlegt: Die reichgegliederte Fassade wies ursprünglich 52 Fenster auf, jeweils eins für die Wochen des Jahres, und 365 Fensterscheiben, eine für jeden Kalendertag. Für ein bloßes Vorratslager wäre eine so ausgeklügelte mathematische Analogie kaum angebracht gewesen. Durch spätere Restaurierung stimmen die Zahlen nicht mehr ganz: Heute sind es 53 Fenster mit je 8 Scheiben. Eine prächtige, aus dem 17. Jahrhundert stammende Sonnenuhr an der Schauseite des Rathauses unterstreicht jedoch, welche Bedeutung die Zahlenarithmetik jahrhundertelang hatte: Für die im Bergbau tätigen Tagelöhner spielte die Zeit, die sie unter Tage und ohne Sonnenlicht in Schwerstarbeit verbrachten, eine besondere Rolle.

In der Blütezeit der Stadt, vom späten 15. Jahrhundert bis zu Beginn des 30jährigen Kriegs, dominierten neben den Minenarbeitern bereits die Handwerker, besonders die Stahlschmiede, die Weber, Schuhmacher und Fleischer. Einige der ansehnlichsten Gebäude Stolbergs erinnern an den Wohlstand dieser in Zünften organisierten Handwerksberufe – und an ihren Gemeinschaftssinn. Die eingeschnitzten Symbole am Türportal eines Hauses in der Ritterstraße verweisen darauf, daß hier ehemals nicht nur die Schlachterei, sondern auch eine Volksküche untergebracht war.

Mit dem Reichtum an Sehenswürdigkeiten, die Stolberg aufzuweisen hat, ist es nicht getan: die Stadt steckt auch voller denkwürdiger historischer Reminiszenzen. Hier wurde um 1489 Thomas Müntzer geboren, der

Die Müntzer-Büste
im Museum von Stolberg

evangelische Reformator, Bauernkriegsanführer und große Gegenspieler Martin Luthers. Die Stolberger waren – und sind vielleicht immer noch – stolz auf diesen prominentesten Sohn ihrer Stadt. Direkte Spuren hat er freilich nicht hinterlassen, und auch sein sogenanntes Geburtshaus ist viel späteren Datums. Eine der letzten Amtshandlungen der DDR-Regierung unter Erich Honeker bestand in der Auszeichnung Stolbergs als „Thomas-Müntzer-Stadt". Nur einen Monat, bevor die aufständischen thüringischen Bauern bei Frankenhausen vernichtend geschlagen wurden und Thomas Müntzer auf grauenvolle Weise hingerichtet wurde, im April 1525, war Martin Luther vom Grafen Botho von Stolberg gerufen worden, um gegen die Aufrührer zu predigen. In der Stadtkirche St. Martini wetterte er gegen die Rebellen, jedoch vergeblich. Bauern, Handwerker und Bergarbeiter stürmten das Schloß und zwangen den Grafen, die 14 Artikel ihrer Freiheits-Proklamation zu unterzeichnen. Nach der Niederlage von Frankenhausen hatten sie noch lange für ihre Unbotmäßigkeit zu büßen.

Ihren Bürgerstolz haben sich die Stolberger trotz verheerender Niederlagen und Katastrophen nicht nehmen lassen. Die 1724 angebrachte Sonnenuhr trägt eine lateinische Inschrift, die auf deutsch lautet: „Glückliche Eintracht bleibt, wenn wir zusammenhalten, wenn Phöbus die Zeiten anzeigt, Minerva die Sprachen und Themis die Bürger die alten Rechte lehrt."

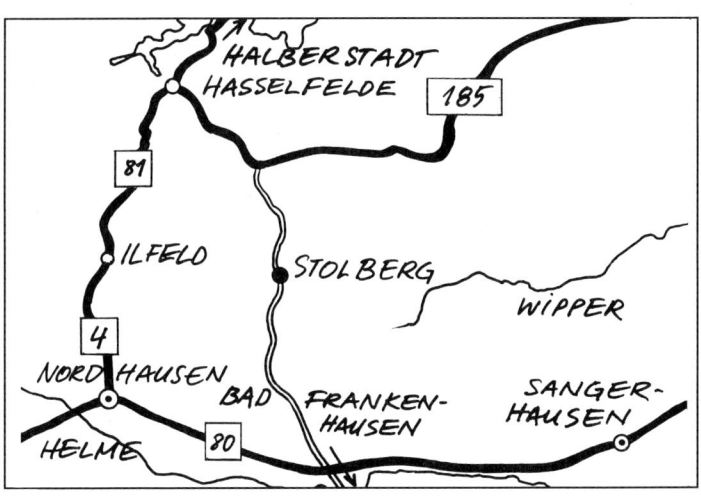

Tiefenbronn – der Magdalenenaltar

Eine schlichte Dorfkirche, eingeengt durch die sie umgebenden Häuser, so erscheint dem Besucher die Kirche St. Magdalenen in Tiefenbronn, einem Ort südöstlich von Heilbronn. Nichts läßt vom Äußeren darauf schließen, daß sich in diesem Gotteshaus einzigartige Kostbarkeiten befinden. Nur am Chor kann man zwei Figuren entdecken; es sind die Schutzheiligen der Kirche: Maria mit Jesuskind und Maria Magdalena.

Im Inneren der Kirche tut sich eine seltene Pracht auf: fünf gotische, bestens erhaltene Altäre, Wandgemälde an der Altarwand, spätgotische Glasmalereien im Chorraum, Wappenfriese im Langhaus. Die St.Magdalenen Kirche in Tiefenbronn wurde um die Wende vom 14. zum 15. Jahrhundert erbaut. Ihre Ausstattung bezeugt, daß St. Magdalenen keine einfache Dorfkirche

Magdalenenaltar und Wandfresko

war; sie unterstand dem Abt von Hirsau, bis zu sieben Priester des Klosters lasen hier in früheren Zeiten die Messe. Gerettet sind all diese Kunstschätze, weil seit der Mitte des 15. Jahrhunderts die Freiherren von Gemmingen Tiefenbronn als Lehen besaßen. Im Gegensatz zu den meisten Adelsgeschlechtern der Umgebung schlossen sich die Gemminger nicht dem neuen protestantischen

Eine der Klugen Frauen

Glauben an; sie übernahmen nach der Säkularisation des Klosters Hirsau 1541 die Patronatsrechte für die Kirche in Tiefenbronn und schützten das Gotteshaus vor dem Bildersturm.

1947 bis 1949 wurde St. Magdalenen, nachdem im Krieg eine Bombe eingeschlagen war, vorbildlich restauriert und instandgesetzt. Einmaliges Prunkstück der Tiefenbronner Kirche ist der St. Magdalenenaltar. Der durch kein weiteres Werk belegte Schöpfer des Altars hat sich auf dem Vertikalstreifen des Hauptbildes mit einem Aufschrei der Verzweiflung verewigt:

„schri kunst schri und klag dich ser din begert iecz niemen mer so o we 1431 lucas moser maler von wil, maister dez werx, bit Gott vir in". Rätsel gibt der Meister Lukas Moser auf: kein weiteres Kunstwerk ist von ihm belegt, und doch sind die Gemälde

Drei törichte Jungfrauen

dieses Altars die besterhaltenen aus jener Zeit. Auch technisch setzt das Werk in Erstaunen: die Eichenholztafeln hat er mit Pergament überzogen und diese mit Kreide, Leimsilber und Gold grundiert. Ungewöhnlich ist die spitzbogige Form des drei Meter hohen Retabels, des Altaraufsatzes – wohl eine Anpassung an die Wandbilder an der Altarwand. Ungewöhnlich ist vor allem, daß bei diesem Altar die geschlossenen Flügel, also die Werktagstafeln, wichtiger und kunstvoller sind als die Sonntagstafeln.

Erzählt wird auf diesen Altarbildern die Geschichte der Magdalena, einer Jüngerin Jesu. Vorbild für den Darstellungsplan waren für Lukas Moser nicht nur die Evangelien, sondern vor allem auch die „Legenda aurea" von Jacobus de Voragine, eine Sammlung der Heiligenlegenden aus der Mitte des 13. Jahrhunderts, die durch zahlreiche volkssprachliche Übersetzungen die Volksfrömmigkeit des Mittelalters tief beeinflußt hat.

Lukas Moser erzählt eine faszinierende Bildgeschichte in epischer Breite und mit ungewöhnlich realistischen Details. Das Gastmahl in Bethanien: Jesus kehrt ein bei dem Pharisäer Simon und trifft dort auf die Geschwister Maria Magdalena, Martha und Lazarus. Im Gegensatz zu der tugendhaften Martha gilt Magdalena als große Sünderin, die sich dem Müßiggang, der Wollust und Fleischeslust hingegeben hat. Demütig wäscht sie Jesus die Füße, trocknet sie mit ihren Haaren und salbt ihn. Fortan ist sie eine treu ergebene Dienerin und unterstützt Jesus mit ihrem Reichtum.

Während der Christenverfolgungen nach Jesu Tod werden Magdalena, Martha, Lazarus, der heilige Maximinus und der heilige Sedonius in ein steuerloses Schiff gesetzt und aufs Meer gestoßen. Lukas Moser malt eine naturgetreue Landschaft, die vermuten läßt, er habe die Bodenseegegend gut gekannt. Der Faden der Erzählung wird weitergestrickt, das Wasser schwappt in die nächste Tafel: die Ankunft in Massilia, in Marseille.

Kühn und witzig gestaltet Moser diese Szene. Lazarus schläft wie ein kleines Kind mit verschränkten Armen auf dem Schoß seiner Schwester Martha. Die Astlöcher im Balken, die Ziegeln auf dem Dach, die Farbschattierungen in der Wand – nichts entgeht dem genauen Blick des Malers Lukas Moser. Ikonographisch aufregend ist die Komposition des Bildes im Bild als simultane Darstellung zum chronologisch verlaufenden Geschehen. Magdalena erscheint dem Fürstenehepaar im Traum und fordert sie auf, die Heiligen Gottes nicht länger Hunger und Kälte leiden zu lassen, sondern sie aufzunehmen. Der Fürst ist nur bekleidet mit einem Turban, seine Frau ist nackt. In die Komposition der Stadt Massilia drängt architektonisch der Kirchenbau der rechten Tafel. Hier stellt Lukas Moser die letzte Kommunion Magdalenas dar - nicht wie in der Legenda aurea als Schauspiel vor dem gesamten Klerus von Aix-en-Provence, sondern als eine intime Szene zwischen dem heiligen Maximinus, den sieben Engeln und der Büßerin. Zuvor hatte die Heilige dreißig Jahre lang für ihre Sünden in der Wildnis gebüßt. Ihr Körper ist eingehüllt in Haare, und ein Engel schwebt unter ihr.

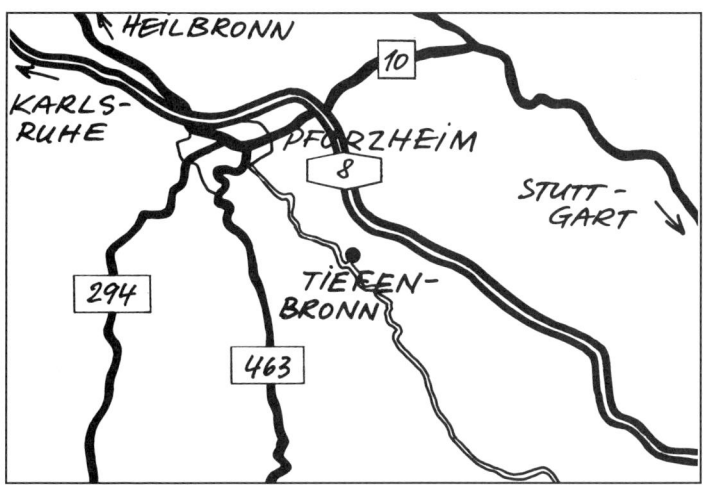

Tübingen – das zahnärztliche Museum

In Tübingen am Neckar gibt es ein Museum, das zwar klein ist, aber durch seinen Seltenheitswert in Erstaunen versetzt. Gewidmet ist es einer Heiligen, der heiligen Apollonia – Schutzpatronin eines der schmerzhaftesten menschlichen Leiden, des Zahnschmerzes. Seit dem späten 13. Jahrhundert ist diese Heilige die Beschützerin aller Zahnweh-Geplagten. Als Szepter ihrer Macht ist sie mit einer Zahnzange ausgestattet. Die Volkslegende erzählt, daß sie den Märtyrertod durch gewaltsames Herausreißen sämtlicher Zähne mit einer glühenden Zange erleiden mußte. Der historische Kern der Legende vom Zahnmartyrium der heiligen Apollonia sieht jedoch anders aus. Bischof Eusebius von Caesarea berichtet Ende des 3. Jahrhunderts in seiner Kirchengeschichte von einem Brief des Bischofs Dionysius, in dem dieser mitteilt, daß im Jahre 249 in Alexandria eine Diakonin namens Apollonia der Christenverfolgung des Kaisers Philippus Arabs zum Opfer gefallen sei:

„Damals stand die an Jahren vorgerückte Jungfrau Apollonia in hohem Rufe. Die Häscher ergriffen sie und brachen ihr durch

Altertümliche zahnärztliche Instrumente

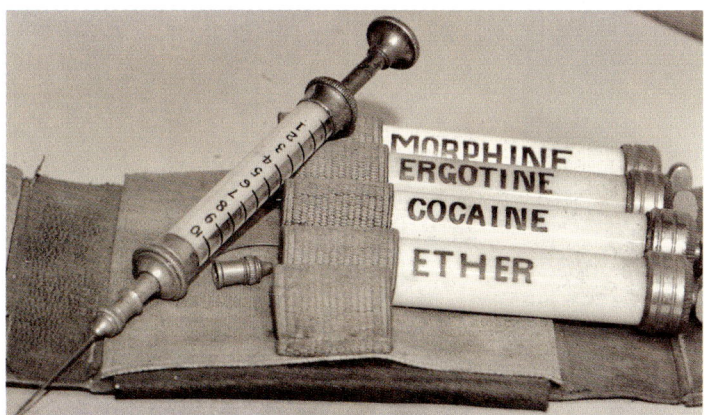
Die erste Injektionsspritze aus dem Jahr 1827

Schläge auf die Kinnbacken alle Zähne heraus. Hierauf errichteten ihre Verfolger vor der Stadt einen Scheiterhaufen und drohten ihr, sie lebendig zu verbrennen, wenn sie nicht mit ihnen die gottlosen Worte aussprechen würde. Sie aber sprang, auf ihre Bitten etwas losgelassen, von selbst eiligst ins Feuer und wurde von den Flammen verzehrt."

Aus der ältlichen Jungfer ist eine schöne junge Frau geworden, als Symbol ihrer Kraft hält sie eine martialische Zahnzange in der Hand. So stellt sie auch der Gipsabdruck im zahnärztlichen Museum in Tübingen dar.

Das Museum bietet dem Besucher einen Gang durch die Geschichte der Zahnheilkunde. Die Kunst des Zahnheilens und Zahnziehens ist schon für das alte Zweistromland belegt, die Ägypter verfeinerten die Methoden der Zahnheilkunde und langsam bildete sich ein ganzes Instrumentarium verschiedener Geräte heraus, um dem Zahnleiden mehr oder weniger brachial zu Leibe zu rücken. Die verschiedenen Geräte dazu sind fein säuberlich in Vitrinen zu bestaunen.

Noch bis weit ins 17. Jahrhundert bestimmten Quacksalber und Zahnreißer die Szene, die oft mehr durch Körperkraft als durch technische Geschicklichkeit die Zahnleiden behoben oder auch verschlimmerten. Erst durch den französischen Arzt Pierre Fauchard zu Beginn des 18. Jahrhunderts wurde die Zahntechnik auf eine wissenschaftliche Grundlage gestellt. Sein Verdienst war es unter anderem, den sogenannten Pelikan zu verbessern. Den Pelikan gibt es seit dem Mittelalter. Der Name dieses Instrumentes bezieht sich auf den übergreifenden Schnabel des Vogels. Es

Der Überwurf zum Zahnziehen

besteht aus einem festen, sich am Nachbarzahn oder Kiefer abstützenden Teil und einem beweglichen, der über den zu entfernenden Zahn gelegt wird. Wurde das Instrument roh angesetzt, so konnte man damit den Kiefer brechen. Deshalb bezeichnete Fauchard den Pelikan auch als das nützlichste und zugleich gefährlichste Instrument.

Besondere Verdienste erwarb sich Fauchard in der Herstellung von Zahnprothesen. Im Vergleich zu den robusten Zangen und Hebeln waren die Zahnprothesen schon kleine zierliche Meisterwerke, geschnitzt aus Elfenbein, Walroß-, Kalbs- und Rinderknochen. Befestigt wurden die künstlichen Zähne mit Goldklammern und Textilfäden an den Nachbarzähnen.

Erstmals grundlegend zusammengefaßt sind diese praktischen Erfahrungen in Pierre Fauchards Standardwerk, das schon fünf Jahre nach der französischen Originalausgabe 1733 in deutscher Übersetzung vorlag. Im Gegensatz zu Frankreich, Italien und England war die deutsche Zahnheilkunde in dieser Zeit noch ziemlich unterentwickelt. Der erste würdige Nachfolger Fauchards in Deutschland war Philipp Pfaff, dessen Konterfei auch im Tübinger Museum zu sehen ist. Auch Pfaff veröffentlichte im Jahr 1756 ein Grundsatzwerk, die „Abhandlung von den Zähnen des menschlichen Körpers und deren Krankheiten", und avancierte zum Hofmedikus des preußischen Königs Friedrich II. Fauchard wie Pfaff räumten in der Zahnheilkunde endgültig mit einem alten, vielfach noch Ende des 18. Jahrhunderts lebenden Aberglauben auf, daß die Schmerzen durch einen Zahnwurm, einen penetranten Quälgeist der Hölle im Inneren eines Zahns, verursacht würden.

Das Tübinger Zahnärztliche Museum führt vom Mittelalter in die Moderne. In einer gesonderten Vitrine werden die ersten Röntgenapparate vorgeführt. Die Entdeckung der Röntgenstrahlen 1895 war eine sensationelle Bereicherung für die Medizin. Die Anfertigung einer Röntgenaufnahme war in der Pionierphase noch höchst kompliziert und zeitraubend. Die Belichtung im Mund dauerte 25 Minuten. Modernisierung ist auch an einem anderen Punkt zu beobachten. War in früheren Jahrhunderten der Ort der Behandlung – wenn es sich nicht gerade um hochgestellte Persönlichkeiten handelte – der Marktplatz unter Beteiligung einer hämisch grinsenden Masse, so zog sich im 19. Jahrhundert das Geschehen in den privaten Raum zurück. Eine intime Atmosphäre entstand. Statt der kühlen Technik heutiger Behandlungszimmer war die Praxis oder das Atelier des Zahnarztes eingerichtet wie ein Wohnzimmer mit Stofftapeten, schweren Teppichen, Stilmöbeln, wallenden Vorhängen.

Auch der Behandlungsstuhl nahm Form an. Vorbei waren die Zeiten, als der Patient noch vom Rücken eines Pferdes herunter behandelt wurde, oder sein Kopf zwischen den Knien des Zahnbrechers eingeklemmt war. Vorbei waren auch die Zeiten, in denen die kranken Zähne mit Kot und Urin oder dem Fett von grünen Fröschen aus der sogenannten Dreck-Apotheke eingeschmiert wurden; jetzt gab es Äther, Morphium und Kokain als Schmerzbetäubungsmittel. Vorbei waren auch die Zeiten von Plomben, die aus Blei – Plumbum – bestanden und den Patienten langsam an Bleivergiftung sterben ließen.

Neue Materialien wie Porzellan und das altbewährte Gold garantierten nicht nur Haltbarkeit, sondern auch gesundheitliche Verträglichkeit. Alte Geräte blieben dagegen in Gebrauch, so in Afrika die Hölzer vom Balsam- oder Kapernstrauch, die sich pinselartig als Zahnbürsten auffächern lassen, oder eine urtümliche Zahnzange aus Fees in Marokko, die erst im Jahr 1974 ihren Weg in das Zahnärztliche Museum gefunden hat.

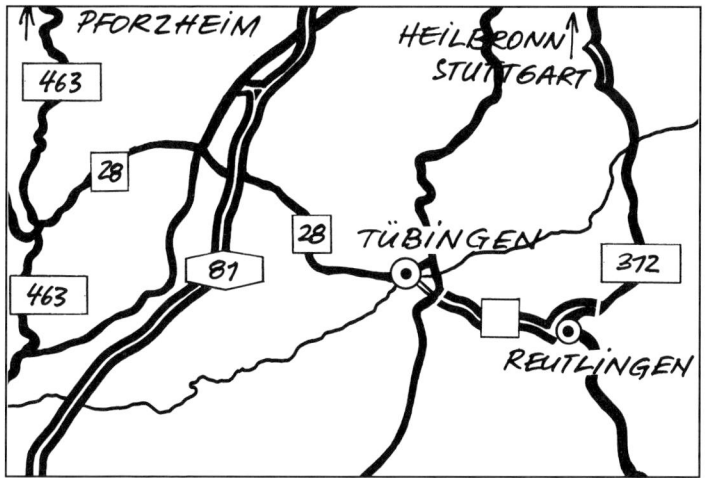

Wittenberg – auf den Spuren Martin Luthers

Wittenberg – das „protestantische Rom". So ist die Stadt genannt worden, die von 1511 bis 1546 zum dauernden Aufenthaltsort Martin Luthers wurde. Eine paradoxe Bezeichnung, denn Wit-

Die Schloßkirche in Wittenberg

tenberg war das Zentrum des Kampfs gegen das päpstliche Rom. Zugleich war es eine Kleinstadt, die man in weniger als einer halben Stunde zu Fuß durchqueren konnte. Um eine einzige lange Straße der Altstadt, die von Westen nach Osten parallel zur Elbe verläuft, gruppiert sich alles, was in Wittenberg im Zusammenhang mit der Reformation zu sehen ist.

Auf dem westlichsten Punkt dieser Achse liegt das Schloß, äußerlich eher eine Trutzburg als ein Palast. Dort residierten die mächtigen Kurfürsten von Sachsen, Friedrich der Weise und Johann der Beständige, die schützend ihre Hand über Luther hielten. Angegliedert ist die Schloßkirche. Im Siebenjährigen Krieg brannte sie fast bis auf die Grundmauern nieder. Die Turmhaube mit der umlaufenden Inschrift „Ein feste Burg ist unser Gott" ist ein Werk des späten 19. Jahrhunderts. Von 1856 stammt die Bronzetür, auf der die berühmten 95 Thesen nachgebildet sind, die zum Fanal der Reformation wurden. Angeblich hat Mar-

Luthers Thesenanschlag an der Schloßkirche

tin Luther dieses Pamphlet gegen den päpstlichen Ablaßhandel im Jahre 1517 hier an die Holztür der Schloßkirche genagelt. Begibt man sich auf der Schloßstraße stadteinwärts, wird deutlich, wie klein die Welt war, in der sich die großen Persönlichkeiten des Reformationszeitalters bewegten. In einem stattlichen Gebäude am Markt war Lucas Cranach der Ältere zu Hause. Der nach Albrecht Dürer bedeutendste deutsche Renaissance-Maler gehörte zu den Honoratioren der Stadt und zum engsten Freundeskreis Martin Luthers. Er war Ratsherr und Bürgermeister der Stadt, ein wohlhabender Mann, Besitzer einer heute noch vorhandenen Apotheke und Meister eines Betriebs mit 84 Malerwerkstätten, die sich gegenwärtig in einem trostlos heruntergekommenen Zustand befinden.

Auf der anderen Seite des Marktplatzes teilt sich die Straße zur Stadtkirche hin, in der Luther zu predigen pflegte, und zur Universität, seiner zweiten Hauptwirkungsstätte. Collegienstraße heißt sie hier. Gleich, wo sie beginnt, erblickt man den Gasthof „Goldener Adler", früher Luthers Stammlokal, in dem er mit seinen Freunden gern und oft einkehrte. Nur hundert Schritte weiter, vorbei an der alten Universität, an der er seine ersten Vorlesungen hielt: das Melanchthon-Haus. Viel hat sich hier nicht verändert seit der Zeit, in der der berühmte Humanist und engste Mitstreiter Luthers dies Haus bewohnte, das ihm der Kurfürst 1536 schenkte.

Auf dem östlichen Gegenpol zum Schloß, dort wo die Collegienstraße endet, steht ein weiteres, heute nicht besonders ansehnliches Wahrzeichen der Reformation: die Luther-Eiche. An dieser Stelle, die damals der Schindanger der Stadt war, verbrannte Luther 1520 unter dem Beifall der Bevölkerung die gegen ihn gerichtete päpstliche Bannbulle. Demonstrativ und endgültig war damit die Trennung von der römisch-katholischen Kirche vollzogen.

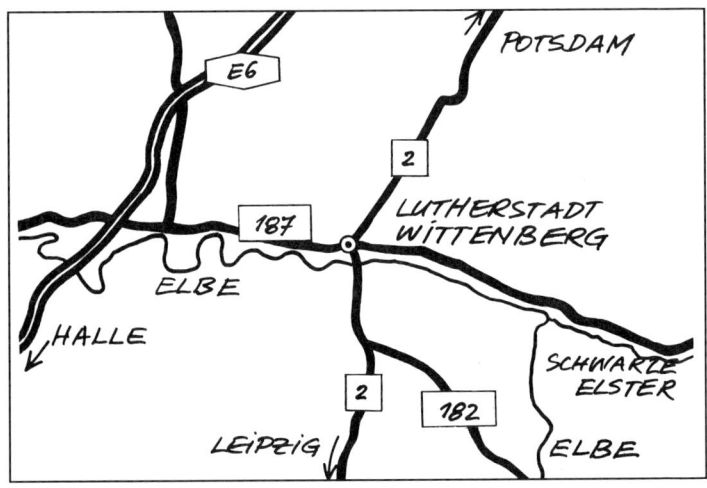

Wörlitz – ein Park aus der Zeit der Aufklärung

Eine Autofähre bringt den Reisenden von der hundertsiebenten Straße hinter Coswig über die Elbe. Der gewölbten Straße aus kopfgroßen Pflastersteinen, die ihn hier empfängt, sieht man an, daß sie um die zweihundert Jahre alt ist. Sie führt durch einen Mischwald und dann in eine weite, traumhaft schöne Landschaft. Jetzt, im August, wogen hier die Kornfelder. Im allgemeinen dachten die deutschen Fürsten ziemlich geringschätzig über diese Landschaften. Es fehlten ihnen die Berge, die antiken Ruinen, die Zypressen und die Vulkane. Auf ihren Reisen hatten die weltläufigen Fürsten des achtzehnten Jahrhunderts in Italien, in England und in Frankreich wunderbare Gärten gesehen. Solche Gärten anzulegen, erschien ihnen als Möglichkeit, dem unendlichen, als langweilig empfundenen Grün der einheimischen Pflanzenwelt zu begegnen.

Das achtzehnte Jahrhundert ist die Zeit der Aufklärung. In Frankreich schlossen sich einige der bedeutendsten Schriftsteller und Wissenschaftler zusammen und schrieben die Enzyklopädie. Jean-Jacques Rousseaus Abhandlung über den Ursprung und die Grundlagen der Ungleichheit unter den Menschen, Montesquieus lettres persanes und die ersten großen europäischen Reiseberichte vermittelten den Herrschenden neue Kenntnisse und erweckten neue Wünsche.

Jean-Jacques Rousseau vertrat die Auffassung, die Entwicklung des Menschen vom Naturzustand bis zum gegenwärtigen Gesellschaftszustand bezeuge, daß nur eine Gesellschaft, in der es weder Arme noch Reiche, weder Beherrschte noch Herrschende gebe und in der der Allgemeinwille die Grundlage der politischen Macht sei, allen Menschen Wohlstand und Glück garantiere. Rousseau forderte „Freiheit, Gleichheit und Brüderlichkeit". Er konnte nicht wissen, daß diese Forderung der Schlachtruf der französischen Revolution und bis heute auf jeder Ein-Franc-Münze eingraviert sein würde.

Aufgeklärte Fürsten erkannten, daß Gärten nach französischem Vorbild auch für das gemeine Volk von Nutzen sein könnten. Wenn darin Pflanzen und Bäume stünden, Kunstwerke aus fremden Ländern, Häuser und Schlösser, wie man sie hierzulande noch nie gesehen hatte, Felsen und Vulkane, Wasserwerke

Außenansicht des Schlosses

und Brücken, dann könnte das ebenso der Instruktion der unwissenden Bauern und Bürger dienen wie der Erbauung der Fürsten.

Leopold Friedrich Franz, Fürst von Anhalt-Dessau, ein Verehrer Jean-Jacques Rousseaus, der den Park in Wörlitz anlegen ließ, wollte als aufgeklärter Absolutist neue Maßstäbe sowohl in Industrie, Landwirtschaft, Handel und Militärwesen als auch in Bildung, Kunst und Ästhetik setzen. Er hatte ganz Europa bereist. Er oder seine Architekten hatten in Venedig die Kirche Madonna dell'Orto, „Madonna im Garten", gesehen. In seinem Garten in Wörlitz ließ er sich ein Haus bauen, das auf der einen Seite aussieht wie Madonna dell'Orto und auf der anderen Seite einem englischen Stadthaus aus der Tudorzeit ähnelt, in seiner Art aber völlig neu war. Es ist gebaut wie ein gotisches Stadthaus, steht aber auf einer grünen Wiese und ist doch kein englisches Landhaus, denn dann wäre es bewehrt und von einer Mauer umschlossen. Das gotische Haus in Wörlitz ist also etwas vorher nie Dagewesenes.

Weil der Fürst die Schweizer Glasmalerei liebte, kaufte der Schweizer Gelehrte und Freund des Hauses Anhalt-Dessau, Lavater, alle Scheiben aus dem fünfzehnten bis zum achtzehnten Jahrhundert, die er auftreiben konnte. Auch wenn die Scheiben nur noch Bruch waren, fanden sie ihren Weg nach Wörlitz. Dort wurden die Scherben kunstvoll zwischen Blei gesetzt und als Fenster im gotischen Haus verwendet. Manchmal wurde jahrelang und mit wahrer Leidenschaft nach einem fehlenden Stück Glasmalerei gesucht. Das dem gotischen Haus gegenüberliegende Schloß ist älter. Es ist im Stil Palladios gebaut und das erste Bauwerk im klassischen Stil in Deutschland. Leopold Friedrich Franz von Dessau ließ – ganz im Sinne der Aufklärung – keine Mauern um seinen Park ziehen, er sollte jedermann zugänglich sein und demjenigen, der sich darin erging, ein Gefühl für die Natur vermitteln. Sanfte Au und düsterer Wald, wilder Wasserfall, zahmer Bach und melancholisch-lieblicher See, wüste, erhabene Felslandschaft und anmutiges Tal, die ganze Natur sollte hier wiederzufinden sein, auch die Illusion von Fremde und Ferne. Der Spaziergänger sollte je nach Stimmung des Gemüts von einer Gegend in die andere wandern und die äußere Landschaft der inneren anpassen können.

Auch an die Vergangenheit wird erinnert: Getreu dem Vorbild im Park von Ermenonville in der Nähe von Paris, hat der Fürst von Anhalt-Dessau eine Art zweites Grabmal für Jean-Jacques Rousseau anlegen lassen. In der Mitte einer von Pappeln umstandenen Insel mit kurzgeschorenem Rasen steht auf dem Sockel der Urne die Grabinschrift zu lesen: „J. J. Rousseau, Buerger zu Genf, der die Witzlinge zum gesunden Verstand, die Wolluestigen zum wahren Genuß, die irrende Kunst zur Einfalt der Offenbarung mit männlicher Beredsamkeit zurückwies. Er starb d. 11. Jul. MDCCLXXVIII."

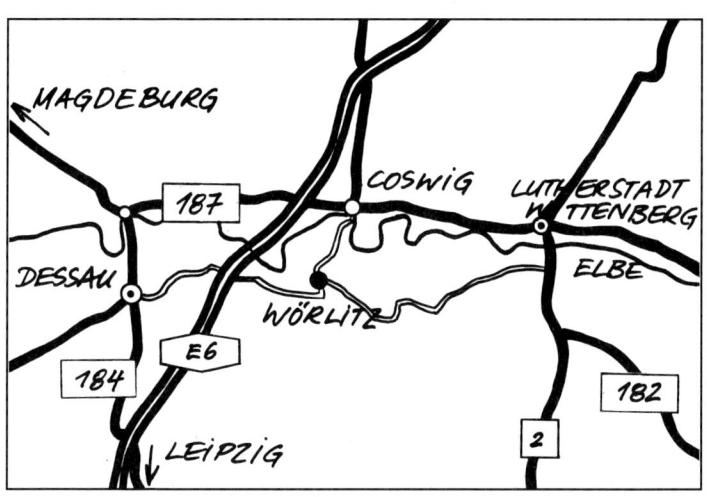

Worms – jüdische Kulturdenkmäler

„Alter Judenfriedhof. Der 'Heilige Sand' der Wormser Juden. Hier ruhen berühmte Rabbiner, Märtyrer und edle Menschen aus neun Jahrhunderten. Eine denkwürdige Stätte für die Juden aus aller Welt. Ältester Judenfriedhof Europas." So verkündet es eine Inschrift am Eingang des Wormser Judenfriedhofs. Abgeschirmt durch eine hohe Mauer vom Straßenlärm der Ringstraße tut sich ein Ort erhabener Stille und Würde auf.

Hier ruhen seit dem 11. Jahrhundert die Toten der jüdischen Gemeinde. Die früheste Nachricht über Juden in Worms stammt aus dem Jahr 960, die Gemeindegründung von Juden in dieser Stadt reicht in die zweite Hälfte des 10. Jahrhunderts zurück. Der Judenfriedhof wurde außerhalb der Stadtmauer des mittelalterlichen Worms angelegt. Für die Juden ist es ein Tabu, die Begräbnisstätte innerhalb ihres Wohnviertels zu haben – nach ihrer Lehre bedeutet dies eine Verunreinigung der Gemeinden, und da die Christen keine jüdischen Gräber in ihren Teilen der Stadt duldeten, mußten sie aufs freie Feld vor die Tore der mittelalterlichen Stadt.

Blumenschmuck und Gräbereinfassung sind verboten, sie stören die Ruhe der Toten. Harmonisch und natürlich fügen sich die Totenstätten in die Landschaft ein. Nach jüdischer Tradition

Die Gräber von Rabbi Meir und Salomo Wimpfen

Blick auf den Judenfriedhof

sind Gräber unantastbar, sie dürfen niemals von Menschenhand zerstört werden. Die Steine verwittern, sind mit Moos und Efeu überwachsen, versinken in der Erde. Die Grabinschriften blättern über die Jahrhunderte hinweg ab, werden vom Regen ausgewaschen.

Der älteste Grabstein stammt aus dem Jahre 1076/77. Insgesamt fünfzig Grabsteine gehen auf das 12. Jahrhundert zurück. Sie unterscheiden sich auch in ihrer Form von späteren Grabmalen, die hochrechteckigen Quader verjüngen sich nach unten. In abgemilderter Form läßt sich auch auf diesem jüdischen Friedhof der Stilwandel der Jahrhunderte nachvollziehen: Im höher gelegenen Teil des Wormser Friedhofs befinden sich die Grabsteine des 18. Jahrhunderts. Hier erinnern manche Steine bereits deutlich an christliche Steinmetzkunst; die Inschriften sind nicht mehr nur auf hebräisch, sondern auch auf deutsch.

Auffallend ist für den Nichtjuden die einheitliche Ausrichtung der Grabsteine. Entsprechend der Gebetsrichtung der Juden gen Jerusalem, also nach Osten, müssen auch die Grabsteine so ausgerichtet sein. In Worms ist die Blickrichtung ungewöhnlich. Steht der Betrachter vor der Inschrift, sieht er genau wie der Tote, der mit dem Kopf unmittelbar hinter dem Stein liegt, nach Süden. Eine schlüssige Erklärung gibt es für dieses Phänomen nicht. Eine Interpretation sagt, die Schriftseite sei etwa nach Norden in Richtung der Wormser Synagoge ausgerichtet. Eine andere Interpretation vermutet, die Ausrichtung der Steine sei vielleicht ein Hinweis auf die Herkunft der Wormser Juden aus Italien – die

Grabstein mit den segnenden Hände

Toten blickten also nach Süden auf die Synagoge, von der sie ausgezogen sind. Ein einziger Stein ist korrekt nach Osten gerichtet, der des Rabbi Jakob Molin, eines Mainzer Rabbiners, gestorben im Jahre 1427. Er legte ausdrücklich Wert darauf, nach Jerusalem zu blicken.

Die alten Grabsteine sind nur durch Inschriften geziert; auf jüngeren finden sich auch bildliche Darstellungen. Zwei segnende Hände geben an, daß hier ein Priester beerdigt ist, ein Rad, eine Laute oder eine Pulverflasche sagen aus, aus welchem Haus des Judenviertels die Verstorbenen stammen, Herr Löw hat einen Löwen als Wappen, der Rabbi Hirsch Spitz einen springenden Hirsch.

Die Steine geben nur wenig preis vom Schicksal der Juden und ihres Friedhofes. Jahrhunderte lang benutzten Bauleute respektlos die Grabsteine, um die benachbarten Festungsanlagen und die zweite Stadtmauer zu befestigen; zu Zeiten der Judenprogrome seit dem ausgehenden Mittelalter war auch der Friedhof immer wieder Ziel des wahnhaften Volkszorns.

Barbarischer Höhepunkt der Judenverfolgung war ihre Vernichtung in den Todeslagern der Nationalsozialisten. Am 10. November 1938 wurde die Wormser Synagoge niedergebrannt. 1942 wurden die letzten Überreste in die Luft gesprengt. 1959 begann man mit dem Wiederaufbau des jüdischen Gotteshaus. Die erste Synagoge in Worms wurde im Jahre 1034 errichtet; davon zeugt noch eine Stifterinschrift am Portal der Männersynagoge. Fanatisierte Teilnehmer des ersten und zweiten Kreuzzuges zerstörten dieses Gebäude. Ende des 12. Jahrhunderts entstand ein Neubau, der durch die Jahrhunderte immer wieder verändert wurde oder nach mutwilligen Zerstörungen restauriert werden mußte, der aber im wesentlichen das Vorbild für die heutige Rekonstruktion der Synagoge war.

An keinem anderen Ort läßt sich heute das kultische Leben der Juden so gut nachvollziehen wie in dieser Synagoge. Klar und eindrucksvoll weitet sich der Raum der Männersynagoge, offen ist der Übergang zur Frauensynagoge; die geschlossene Wand zwischen beiden Teilen, die nach der orthodoxen Auslegung verhindern sollte, daß Frauen direkt am Gottesdienst teilnahmen, wurde im Zuge von Reformbestrebungen in der Mitte des letzten Jahrhunderts durchbrochen. An der Wand der Frauensynagoge erinnert eine Tafel an die ermordeten Wormser Juden. Überall stößt man in dieser Synagoge auf Spuren der Zerstörung. Die alten Steine schweigen und sprechen doch laut und vernehmbar. Stumm klagen sie an. Hier wurde eine große Kultur immer wieder angegriffen und zu vernichten gesucht.

Einblick in die Kulte und Traditionen der jüdischen Religion bietet das Museum hinter der wiederaufgebauten Synagoge. Hier findet sich eine bemerkenswerte Urkunde, die bescheinigt, daß Heinrich IV. „Iudei et coeteri Wormatienses" – den Juden und anderen Wormsern – im Jahre 1074 ein Zollprivileg gewährte. Ein sehr früher und vielsagender Beleg für die große Bedeutung, die die Juden für die Blüte der mittelalterlicher Stadt Worms einnahmen.

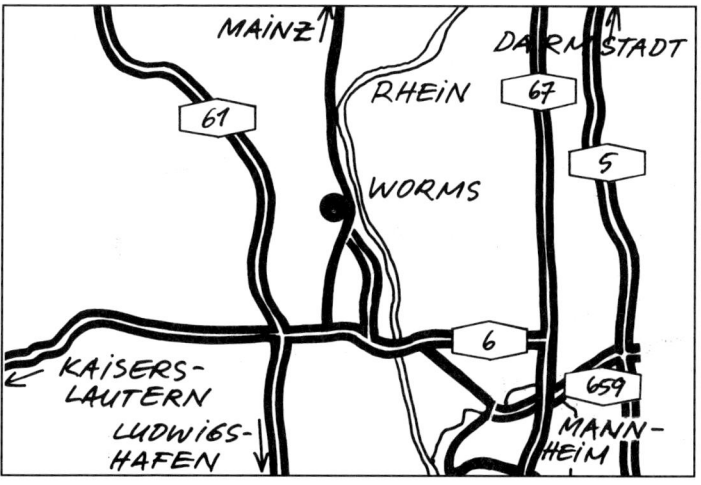

Wuppertal – das Müllmuseum

Wer an Wuppertal denkt, dem fällt als erstes die Schwebebahn ein, die sich breitbeinig und doch elegant über den Fluß windet. 13,3 Kilometer lang ist der stählerne Tausendfüßler, der sich durch das Tal der Wupper zieht. Als die Bahn im Jahre 1903 fertig war, wurde sie als Wunder der Technik und Ingenieurskunst gefeiert. Sechzehn Millionen Goldmark kostete der Bau. Die Barmener und Elberfelder hatten sich durchgesetzt, obwohl ihr Verkehrssystem von Städten wie Berlin und München strikt abgelehnt wurde. Auch in Wuppertal gab es anfangs Widerstände; man sprach von einem „ekelerregenden, sündigen Satanswerk". Heute gehört die Fahrt mit der Wuppertaler Schwebebahn, die noch immer fast die Hälfte des Verkehrsaufkommens bewältigt, zu den einmaligen Sehenswürdigkeiten und technischen Kulturerlebnissen der Stadt. Ihr Anblick bietet nicht nur ästhetisches Vergnügen, sie ist auch die sicherste Bahn der Welt. Bei der Fahrgastbeförderung ist noch nie ein Mensch tödlich verunglückt, und das Elefantenbaby Tuffi, das im Sommer 1950 aus der fahrenden Bahn in die zwölf Meter tiefer fließende Wupper sprang, kam mit dem Schrecken und ein paar Schrammen davon.

Verläßt der Besucher am Bahnhof Wupperfeld die Bahn, gelangt er in den Stadtteil Barmen, ein altes Arbeiterviertel der

Gemütliche Ecke in der Kneipe

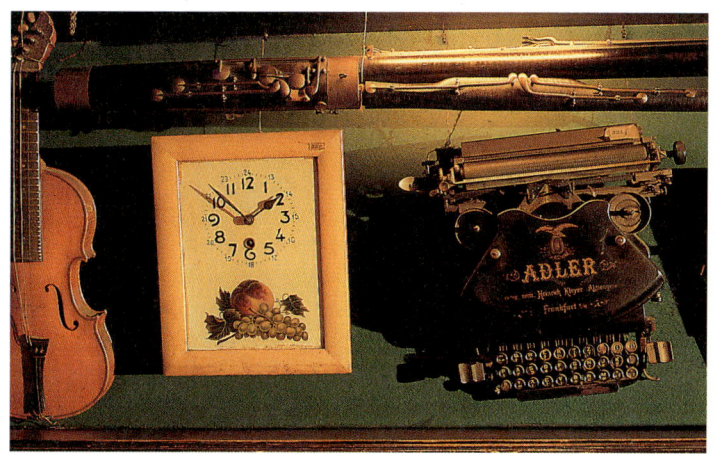

Exponate im Müllmuseum

hier seit Jahrhunderten angesiedelten Textilindustrie und der Tuchfärbereien. Auf dem Wupperfelder Markt erinnert der Färberbrunnen an die Tradition dieses Handwerks. Ein Färber mit einer langen Holzkelle zum Einfärben der Tücher ziert den Brunnen. Am Rande des Marktes findet sich eine Wuppertaler Kuriosität, die nicht so viel Aufsehen erregt wie die Schwebebahn, die aber auf ihre Weise den Industriecharakter der Stadt hervorhebt: ein Müll-Museum. Das Museum ist kein herkömmliches Museum, es ist eine urgemütliche Kneipe und ein vielversprechendes Restaurant. Hier findet sich alles wieder, was die Menschen achtlos auf den Müll geworfen haben, weil sie sich modernisieren wollten. Angefangen hat es im Jahre 1962 mit einer alten Bibel, die der Oberbetriebsleiter der Wuppertaler Müllabfuhr Poth aus dem Dreck gezogen hatte. Der verborgene Schatz regte den Müllwerker an, auf weitere Entdeckungsfahrt im Mülldickicht der Stadt zu gehen. Daraus entstand eine Sammlung, die nichts mehr ahnen läßt von der trüben Herkunft der Dinge.

Gleich am Eingang wird der Besucher von den Kuriositäten der Jagdleidenschaft empfangen. Der eine sucht die Freude „im Wald und auf der Heide", der andere kann sich von den Wunderwerken der frühen Technik begeistern lassen: Kameras, Volksempfängern, Schreibmaschinen, einem alten Plattenabspielgerät oder einem Projektor mit Karbitlampe. Bewacht wird dieses Szenario von einem halb versteckten Totenkopf, der ungerührt seinen starren Blick auf dieses Kuriositätenkabinett richtet. Wer dieses Müllmuseum betritt, taucht in eine eigene Welt ein; der Blick nach

Salome mit dem Haupt Johannes des Täufers

draußen ist durch bleiverglaste Fenster abgeschirmt. In den Butzen tobt sich die Spottlust aus, die das ganze Müllmuseum durchzieht: Wilhelm I. steckt im Krug, sein Nachfolger, der Zweite, trägt einen Helm aus Zeitungspapier und betätigt sich als Kleingärtner; Turnvater Jahn verrenkt sich bei gymnastischen Übungen.

Auch vor angeblicher Blasphemie schrecken die Besitzer des Müllmuseums nicht zurück: Der eine Teil der Theke stammt von einem französischen Altar.

Die Anordnung der Tand-, Nippes- und Trödelkuriositäten durchzieht eine leise Ironie, gerade weil sie nicht planmäßig und bewußt komponiert wurde, sondern dem chaotischen Zufall überlassen blieb. So fanden sich die Fundstücke wieder, wo gerade noch ein Eckchen Raum frei war. Der frühe Porno – die Dame mit dem Hochrad – hängt einträchtig neben dem verklärenden Mutterglück. Die Fürbitte um göttlichen Schutz ist direkt neben das kriegerische Eiserne Kreuz plaziert. Ernst geht der Feuerwehrmann seiner Tätigkeit nach. Die Germania vom Niederwald und der rührselige, aber militaristisch gestylte Kaiser Wilhelm II. grüßen huldvoll aus hunderten von Zigarren-Bauchbinden. Auch der große Kurfürst, Blücher, Hindenburg und Bismarck sind mit von der Partie. Die einfachen Mannen finden sich repräsentiert durch Reservistenkrüge. Aus huldvoller Distanz blickt ein Paar figürlicher Kaffeekannen, deren Kopf sich als Deckel abnehmen läßt, auf diesen militaristischen Spuk. Sie sind Garanten des Antialkoholismus.

Wuppertal ist nicht nur frühes Industriezentrum; hier wuchs auch der Fabrikantensohn Friedrich Engels auf, neben Karl Marx Mitbegründer des wissenschaftlichen Sozialismus. Auch ihn hat man im Müllmuseum nicht vergessen. Versilbert prangt hier der Aufruf an die Proletarier aller Länder. Aber da der alte Industrieort Wuppertal-Barmen immer die merkwürdige Mischung von Kaisertreue, Pietismus und Klassenkampf in sich zu harmonisieren verstand, ist der Freiheitsaufruf passend eingerahmt von gottgefälligen frommen Sprüchen und der Weisheit des Kleinbürgers: „Hab auf der Welt die schönsten Stunden, doch nur in meinem Heim gefunden."

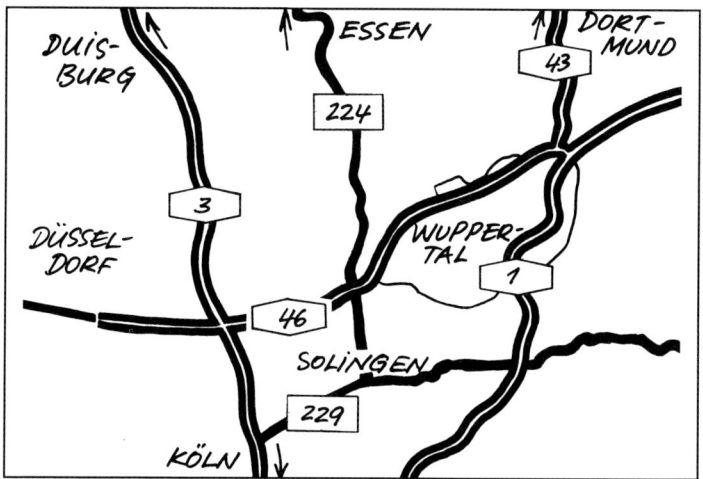

Einige Tips und Hinweise zu den Sehenswürdigkeiten

Wenn Sie ansonsten touristischen Rat brauchen, wenden Sie sich am besten an das örtliche Verkehrsamt.

Aachen
Verkehrsverein: Markt 39, Telefon: 02 41/18 02 90 60/61, oder Bahnhofsplatz 4, Telefon: 02 41/1 80 29 65.
Dom: 02 41/4 77 09 27.
Domschatzkammer: 02 41/4 77 09 40.

Bayreuth
Die ehemalige Rollwenzelei ist heute Privathaus. Der Besitzer ist Herr Mädel, Telefon 09 21/9 24 13. Herr Dr. Philipp Hausser gibt Auskunft über „Jean Paul in Bayreuth". Er bewohnt das Haus, in dem auch Jean Paul 1813-1825 wohnte, heute Friedrichstraße 5.

Berlin
Zuckermuseum: Amrumer Straße 32, 1000 Berlin 65 (Wedding), Telefon 0 30/3142 75 20. Direktor ist Herr Prof. Dr. Herbert Olbrich.

Blexen (Nordenham)
St. Hippolyt-Kirche: Büro der Kirchengemeinde St. Hippolyt, Telefon 0 47 31/3 11 39 oder 3 11 04. Expertenrat erteilt Herr Enno Hansing vom Rüstringer Heimatbund, Telefon 0 47 31/8 89 56.

Bremen
Ratskeller: Leiter des Ratskellers ist Herr Röding, Telefon: 04 21/32 16 70. Geöffnet ab 10 Uhr.
Verkehrsverein: Bahnhofsplatz 29, Telefon 04 21/36 36-1.

Celle
Schloßkapelle: Der kleine, sehr brauchbare Führer durch die Schloßkapelle (Schnell-Kunstführer Nr. 1439) ist im Schloß selbst erhältlich. Kundiger Ansprechpartner ist Herr Dr. Otten im Bomann-Museum in Celle.

Frankfurt
Heinrich-Hoffmann-Museum (Struwwelpeter-Haus): Schubertstraße 20, 6000 Frankfurt/M 1, Telefon 0 69/74 79 69, Leiter ist Gerhard Evers.

Hagen
Westfälisches Freilichtmuseum Hagen: Mäckingerbach, 5800 Hagen-Selbecke, Telefon 0 23 31/78 07 44 (Information) oder 7 80 70 (Verwaltung). Ansprechpartnerin ist Frau Krämer. Hinweis für die Anfahrt: B 54 nach Süden, Abzweig Eilpe, dann die L 528 bis Mäckingerbach; oder: Autobahnabfahrt Hagen-Süd, Wegweiser „Freilichtmuseum" folgen.

Hameln
Museum: Osterstraße 9, Museumsleiter ist Dr. Norbert Humburg, Telefon 0 51 51/20 22 17 oder 16.
Verkehrsbüro: Geisterallee (am Bürgergarten), Telefon 0 51 51/ 202-617 bis 619.

Hannoversch-Münden
Verkehrsverein Naturpark Münden e. V.: Rathaus, 3510 Hannoversch-Münden 1, Telefon 0 55 41/7 53 13-15.

Hildesheim
Dom: Anmeldung zu Domführungen unter der Nummer 0 51 21/ 3 20 21 oder 30 72 05.
Verkehrsverein: Am Ratsbauhof 1c, Telefon 1 59 95-6, Fax 3 17 04.

Hunsrück
Hunsrückmuseum: im Simmerner Schloß, Leiter ist Herr W. Wagner, Telefon 0 67 61/33 45.
Schinderhannesturm in Simmern: Betreuer ist Herr Gustav Kuhn, Turmgasse 12, 6540 Simmern, Telefon 0 67 61/23 84.

Husum
Theodor-Storm-Haus: Wasserreihe 31, 2250 Husum, Telefon 0 48 41/66 62 70.
Schloß vor Husum: Telefon 0 48 41/6 57 88.
Gaststätte Schimmelreiterkrug: Hans Hamm, Sterdebüll (2251 Wobbenbüll).

Jagsthausen
Schloß Rossach (6 km von der Götzenburg entfernt): 7109 Schöntal, Besitzer ist Freiherr Götz von Berlichingen jun., Telefon 0 79 43/37 11.

Jever
Schloßmuseum: Zuständig ist Herr Dr. Meiners, Telefon 0 44 61/ 21 06.

Kalkar
St. Nicolai-Kirche: Zuständig ist Pfarrer Norbert Hoffacker, Pfarramt St. Nicolai, Jan-Joest-Straße 4, 4192 Kalkar.

Kitzingen
Fastnachtmuseum: Verantwortlich im Haus bzw. Turm ist Herr Hans Frankenberger, Paul-Eber-Straße 9, 8710 Kitzingen, Telefon 0 93 21/62 22. Leiter des Museums ist Herr Dr. Schumacher. Normale Öffnungszeiten, nur Sa/So 14-17 Uhr.

Knittlingen
Faustmuseum: Fachkundige Beratung erteilt Dr. Günther Mahal, Faust-Museum, Kirchplatz 2, 7134 Knittlingen, Telefon 0 70 43/ 3 73 70.

Köln
St. Ursula (Goldene Kammer): Telefon 13 34 00, Broschüre: Rheinischer Verein für Denkmalpflege und Landschaftsschutz, Deutzer Freiheit 49, 5000 Köln 21 (Heft 128).
Verkehrsverein Köln: Telefon 02 21/2 21 33 40.

Kyffhäuser
Bauernkriegspanorama: Näheres über Herrn Walter Siebold (Direktor für Öffentlichkeitsarbeit), Am Schlachtberg 9, 4732 Bad Frankenhausen, Telefon 0 37/ 45 86/ 82 14.

Landshut
Burg Trausnitz: Schloßverwaltung Trausnitz, Telefon 08 71/ 2 26 38.
Öffentliche Führungen stündlich 9-12, 15-17 Uhr. Die Narrentreppe ist nicht öffentlich zugänglich.

Leipzig
Museum zur Geschichte der Völkerschlacht 1813: Zuständig ist Herr Jürgen Sturmhoefel, Telefon Leipzig 8 13 92.

Lemgo
Junkerhaus: Hamelner Straße, Schlüssel ist gegenüber zu erhalten bei Herrn oder Frau Ellinger, Hamelner Straße 37, Telefon 0 56 21/24 21. Geöffnet ist das Junkerhaus Di-Fr, So 10-12.30 Uhr, 13.30-17 Uhr, Sa 10-13 Uhr.
Verkehrsverein: Telefon 0 52 61/21 30.

Maulbronn
Kloster: Offizielle Führungen nur um 11 Uhr und 15 Uhr.

Münster
Stadtmuseum: Salzstraße 28, Verwaltungsleiter ist Herr Finke, Telefon 02 51/4 92 29 47.
Verkehrsverein: Berliner Platz 22, Telefon 02 51/5 10 18-0.

Neuharlingersiel
Buddelschiff-Museum: Besitzer der Sammlung ist Herr Helmut Landmann, Neuharlingersiel, Am Hafen, Westseite 9, Telefon 0 49 74/2 24 (Hotel Jansen), oder 02 34/79 73 35 (Bochum).

Potsdam
Persius-Bau: Führungen, besonders sinnvoll für die Vorführung des Maschinenraums, macht Herr Werner Marquardt.

Rothenburg
Kriminalmuseum: Leiter des rechtsgeschichtlichen Archivs ist Herr Ch. Hinckeldey, Telefon 0 98 61/53 59.

Schleswig
Dom St. Petri: Zuständig ist Pastor Körber, Telefon 0 46 21/2 53 67.

Tiefenbronn
St. Magdalenen-Kirche: Zuständig ist Pfarrer Franz Heinzmann, Gemmingenstraße 3, 7533 Tiefenbronn, Telefon 0 72 34/2 10.

Tübingen
Zahnärztliches Museum: Besichtigungen nur über den Betreuer des Museums, Herrn Dr. Wolfgang Lindemann, Telefon 0 70 71/29 51 80.

Worms
Judenfriedhof: Ansprechpartner ist Fritz Reuter, Archivdirektor der Stadt Worms und Verfasser des Buches „1000 Jahre Juden in Worms", Hintere Judengasse, Worms, Telefon 0 62 41/85 33 46.

Wuppertal
Müll-Museum: 5600 Wuppertal-Barmen 2, Berliner Straße 105, Telefon 02 02/66 34 74, Inhaber sind Birgit und Heinz Opitz, geöffnet täglich ab 17 Uhr.

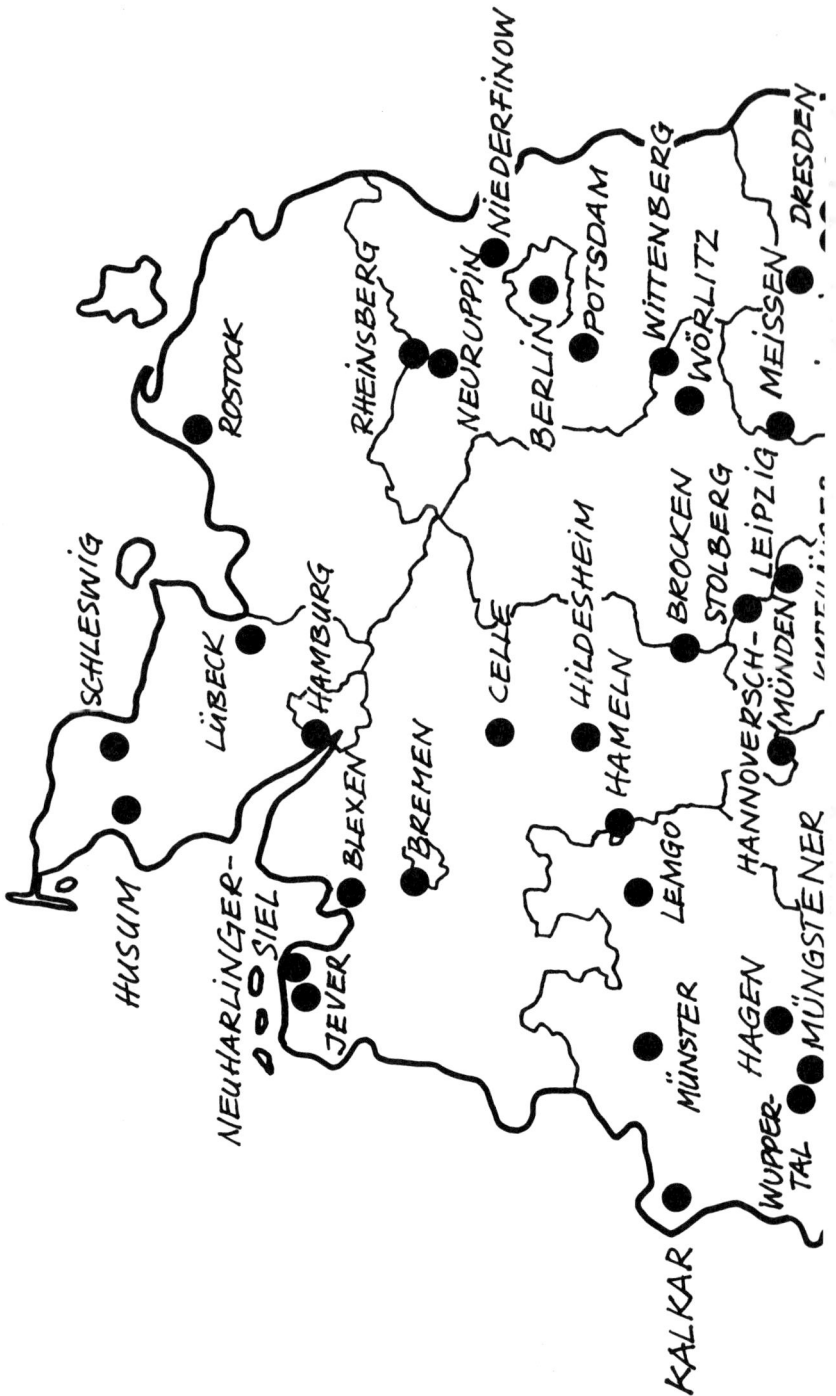

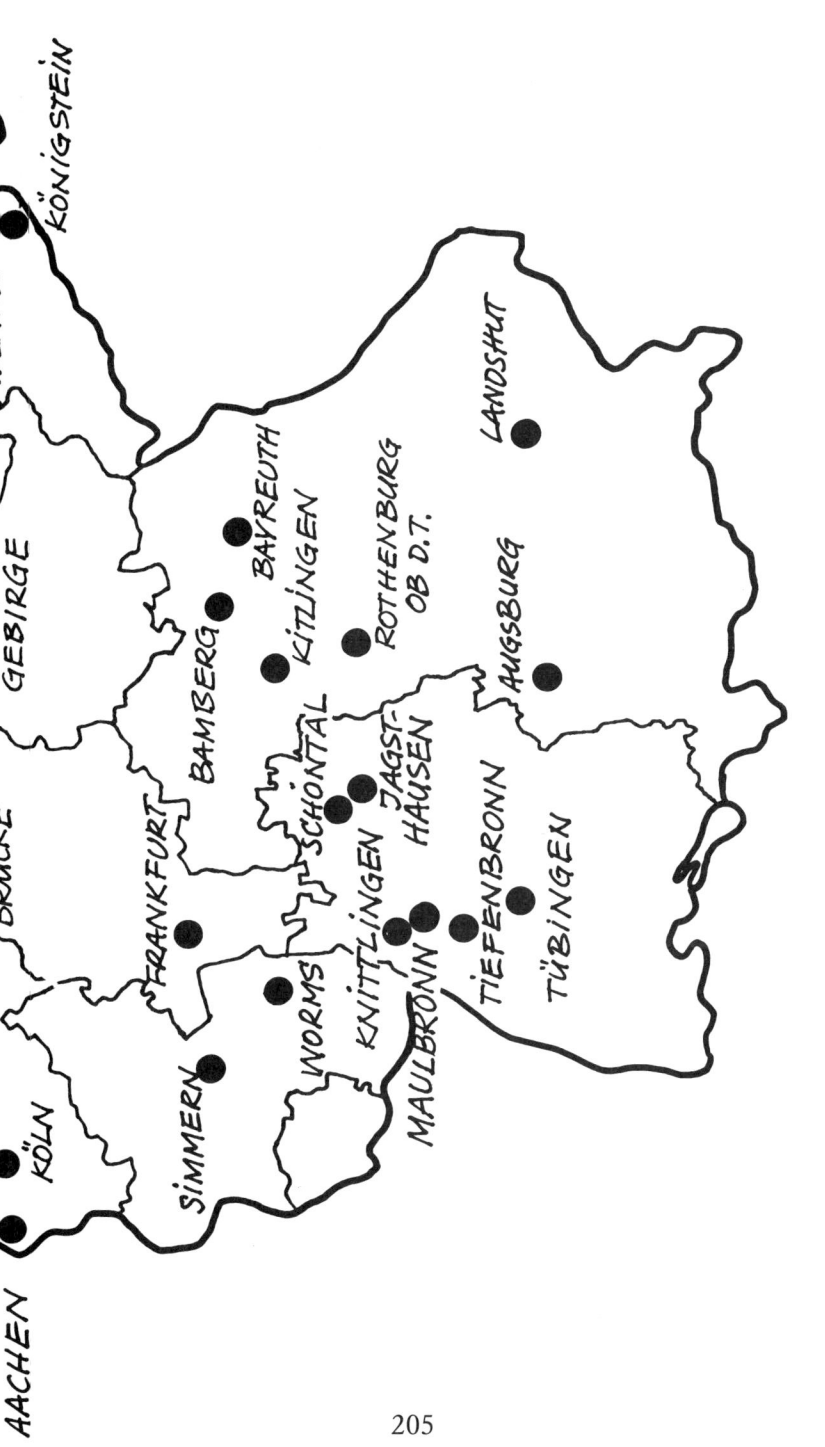

Register

Die *kursiv* gesetzten Ziffern beziehen sich auf die Abbildungen

Aachen 8, *8*
Agamemnon 90
Albrechtsburg 126
Alhambra 155
Apollina 182
Architektur, sarazenische 154
Architektur, türkische 154
Arnstein, Gebhard von 142
Augsburg 12
August der Starke *101*, 128, 148, 149

Backsteinkirche, gotische 140
Bamberg 16, *16*
Barbarossa, Friedrich 103
Barockzeitalter 99
Bauernkriegs-Panorama 105
Bayreuth 20
Berlichingen, Götz von 76
Berlin 24
Bettelmönch Lascaris 100
Bettelmönch Wichmann 142
Bismarck 79
Blexen 30
Blocksberg 64
Bode-Tal 62
Böttger, Johann Friedrich 100, 128
Bremen 32
Bremer Ratskeller *32*
Brocken 65
Brunnenkapelle *123*
Bückler, Johannes 70
Buddelschiffmuseum 136, *137*
Buden 119
Bungelose 55
Burg Trausnitz 107

Caroline Mathilde 35
Carpaccio 98
Celle 35, *35*
Christussäule 67
Clairvaux, Bernhard von 122
Commedia dell'arte 108
Cordoba 155
Cosel, Anna Constantia von 148
Cranach, Lucas der Ältere 187

Dampfmaschinenhaus 152
de Vos, Marten 37
Deutschland, wilhelminisches 131
Dom St. Petri 168
Dom, Aachener 11
Dom, Bamberger 18
Dom, Schleswiger 168
Domschatz, Aachener 10
Dr. Eisenbart 58, 59
Dschunke, chinesische *136*

Edzard von Ostfriesland 81
Elffinger 125
Engels, Friedrich 199
Eremitage 20
Ernest Bazin 138
Erzengel Gabriel 69

Falterturm *89*
Fastnachtmuseum 88
Faust, historischer 92

Faust, Johann 93, *94*
Faust-Museum 92
Faustturm *124*
Festung Königstein 100
Fontane, Theodor 143
Frankfurt 42
Friedhof, Wormser 193
Friedrich der Große 152
Friedrich I. von Preußen 100
Friedrich II. 104, *158*
Friedrich Leopold von Preußen 132
Froichen Maria 80
Fuggerhaus *12*
Fuggerkapelle *14*
Fulda 58

Gartenlaube 43
Gaudi, Antonio Gaudi 117
Georgenburg 102
Gesellschaft, wilhelminische 112
Goethe 76
Goldene Aue 103
Goldene Kammer 96
Goldschmiede-Kapelle 13
Goldtinktur 100
Götz von Berlichingen 77
Götzenburg 76

Hagen 46
Hameln 54, *54*
Hannoversch-Münden 58
Harz 62
Heilige Magdalena 87
Heilige Ursula 96
Heinrich II 16
Heinrich-Hoffmann-Museum 42
Herterichtsbrunnen 164
Hexental 62
Hexentanzplatz 63
Hildesheim 66, *66*
Hochburg der Wiedertäufer 133
Höllenzwänge 94
Holstentor *119*
Holzturm *71*
Hornberg 76
horror vacui 116
Hunsrück 70, *70*
Husum 73, *73*

Instrumente, zahnärztliche *182*

Jagsthausen 76
Jean Paul *21*
Jerusalem, himmlisches 67
Jesu, Leben 68
Jever 80, *88*
Judenfriedhof *193*
Judenverfolgung 194
Jungfrau, Eiserne 167
Junker, Karl 116
Junkerhaus 114, *114*
Jupan, Ludwig 86

Kaiser-Wilhelm-Brücke 130
Kalkar 84
Karl der Große 8, *9*
Karlsmythos 8

206

Karneval 89
Karneval, römischer 91
Kepler, Johannes 122
Kinderkreuzzug 56
Kinderliteratur 43
Kitzingen 88
Kloster Schöntal *173*
Knittlingen 92
Köln 96
Königstein 100
Kriminalmuseum 164
Kulturdenkmäler 192
Kunigunde 19
Kunstfälschungen 168
Kyffhäuser 103, *103*

Lambertikirche *133*
Landshut 107
Legenda aurea 18, 97, 180
Leipzig 111
Lemgo 114
Lübeck 118, *120*
Luther, Martin 15, 177, 186, *187*

Mädchenfänger 57
Madonna dell'Orto 190
Magdalenenaltar 178
Marco Polo 127
Mariengymnasium 83
Marienkirche 24, *24*, 160
Märtyrer Laurentius 31
Maulbronn 122
Meerespiraten 120
Meißen 126, *126*
Meißner Porzellan 126
Memmling 98
Moser, Lukas 180
Müllmuseum *197*
Müngsten 130
Müngstener Brücke 130, *130*
Münster 133
Müntzer, Thomas 133, 176
Müntzer-Büste *176*
Museum, zahnärztliches 182
Mythologie, christliche 161
Mythologie, griechische 157

Napoleon 111
Narrentreppe 107
Neuharlingersiel 136
Neuruppin 140
Niederfinow 144
Nordenham 30

Oder-Havel-Kanal 144
Oeser, Adam 36
Orlando di Lasso 109

Papiermühlen 49
Papierproduktion 48
Patrizierhäuser 74
Paulinchen 45
Persius Ludwig 152
Pillnitz 148, *148*
Porzellanherstellung 126
Potsdam 152
Priölken 33
Pulverturm 71

Ratskeller, Bremen 32
Rattenfänger 54, *56*
Raubritter 120
Reiter, Bamberger *17*
Revolutionsarmee, französische 72

Rheinsberg 156, *156*
Rochusaltar 163
Rollenwenzelei 22
Rom, protestantisches 186
Rostock 160, *160*
Roßtrappe 63, *63*
Rothenburg o. d. Tauber 164, *164*
Rousseau, Jean-Jacques 189

Salome *198*
Salzach-Flüßchen 123
Sanssouci *152*
Santa Maria 137
Sauerbruch, Ferdinand 79
Schaubudenmentalität 60
Schiffhebewerk 144, *144*
Schinderhannes 70
Schinkel, Karl Friedrich 140
Schlachtenpanorama 113
Schleswig 168
Schloßkapelle 35
Schloßmuseum Jever 82
Schnitzaltäre, spätgotische 85
Schöne Pforte 17
Schöntal 172
Schwarzes Loch 34
Speicherstadt *50*
St.-Anna-Kirche 12
St. Georgsbrunnen 164
St.-Hippolyt-Kirche 30
St. Lamberti 134
St.-Nicolai-Kirche 84, *84*
St. Ursula 96
Stiftsgänge 118
Stolberg 175, *175*
Storm, Theodor 73
Struensee, Johann Friedrich 35
Struwwelpeter 42, *42*
Südharz 175
Synagoge, Wormser 193

Tafelberg 100
Tauffünte, bronzene 163
Tausendjährige Rosenstrauch 66
Teutoburger Wald 114
Tiefenbronn 178
Todesmystik 99
Totentanz 25
Trausnitz *107*
Tschirnhaus, Ehrenfried Walther von 126
Tübingen 182

Uhr, astronomische 163

Viola tricolor 75
Völkerschlachtdenkmal 111, *111*

Wappen, Bremer 33
Wasserpalais 148
Wasserschloß 156
Werra 58
Wiedertäufer 135
Wiedertäuferkäfige *134*
Wilhelm I. 103
Wilhelm II. 44, 111, 132
Wittenberg 186, *186*
Wörlitz 189
Worms 192
Wundarzt 59
Wuppertal 196

Zahnprothesen 184
Zisterzienserkloster Maulbronn 122
Zuckermuseum 27, *28*

Bildnachweis

(die Zahlen geben die jeweiligen Seiten an):

Archiv für Kunst und Geschichte, Berlin: 09, 10, 12, 16, 21, 22, 42, 43, 44, 67, 68, 92, 94, 100, 111, 134, 149, 150, 187, 190
Yvonne M.Berardi, Fotojournalistin, Tübingen: 182, 183, 184
Bildarchiv Foto Marburg, Marburg: 32, 33
Buddelschiffmuseum, Neuharlingersiel: 136, 137
Cramers Kunstanstalt, Dortmund: 81
Ralf Freyer, Freiburg: 160
Greiner & Meyer Photo-Center, Braunschweig: 50, 51, 52, 101, 123, 148, 186
Claus & Liselotte Hansmann, Kulturgeschichtliches Bildarchiv, München: 20, 38, 39, 93
Kulturgeschichtliches Bildarchiv Historia-Photo, Hamburg: 14
Jürgens, Ost und Europa Photo, Köln: 40, 113
Pitt Koch, München: 35, 36, 57, 59, 60, 62, 63, 64, 73, 74, 76, 77, 78, 103, 104, 105, 118, 119, 126, 128, 130, 131, 140, 141, 142, 156, 157, 158, 168, 169, 170, 175, 176, 178, 179, 180, 192, 193, 194
Mittelalterliches Kriminalmuseum Rothenburg ob der Tauber, Edm. von König: 165
Foto Ingeborg Limmer, Bamberg: 17, 18
Bildarchiv Fritz Mader, Hamburg-Barsbüttel: 24, 25, 54, 55, 56, 66, 80, 84, 85, 86, 164, 166
Richard Mader, Schöneberg: 30, 71, 82, 133, 152, 153
Christian Meuschel, Kitzingen: 88, 89, 90
Bodo Müller, Lübeck – Travemünde: 144, 145, 146, 161, 162
Erhard Pansegrau Photographie, Berlin: 27, 28, 138, 196, 197, 198
Rheinisches Bildarchiv, Wallraf-Richartz-Museum, Köln: 96, 97
Schul-, Kultur-, und Verkehrsamt, Alte Hansestadt Lemgo: 114, 115, 116
Silvestris Fotoservice, Kastl Obb: 8, 13, 71, 107, 109, 122, 124, 173
Westfälisches Freilichtmuseum Hagen, Hagen-Selbecke: 46, 47, 48